ジュセッペ 三木 一［著］
佐藤弥生［訳］
松島雄一［監修］

アベルのところで命を祝う

――創世記を味わう 第4章――

［師父たちの食卓で 2］

YOBEL,Inc.

道家洋子先生へ　本書を献ぐ

凡例にかえて

＊正教信徒になじみ深い人名・地名・神学用語については適宜括弧内に一般的な表記を附して、日本ハリスス正教会で用いられている表記を用いた。

例：イイスス・ハリストス（イエス・キリスト）、パウェル（パウロ）、聖神《せいしん》（聖霊）、マトフェイ（マタイ）、イオアン（ヨハネ）、ただし詩編と雅歌は新共同訳の表記を用いた。

＊巻末に日本正教会が用いている「正教会の用語早見表（対照表）」を附した。

＊また、引用される聖書本文は一般の読者に配慮して、固有名詞の他は新共同訳聖書を用いた。ただ文脈から必要とされる場合は、著者が親しんできたフランス語訳、イタリア語訳聖書などを翻訳して用いていた。

まえがき

聖書が今日のような本として手軽に読めるものとなったのは、印刷機が発明された500年前からのことにすぎません。それまでの１５００年以上の間は、聖書は手書きによる多くの巻物から成り、イスラエルのシナゴーグと教会で保存され、共同体で読まれ、解釈され、口で伝えられてきました。その中で、さまざまな時代の多くの民族の声が重なり合い、響き合って、１つの巨大なシンフォニーが生まれました。多くの異なる解釈が矛盾することなく、１つの偉大な救いの計画を描きます。

私はずっと聖書を読んできましたが、長い間そのことを認識していませんでした。主に新約聖書と詩編を読み続けるかたわら、わずかばかりの蔵書であるイオアン・クリマクス、ニコラス・カバシラス、『フィロカリア』の中の師父たち、特にマクシモスを常に読み返していました。かなりマンネリ化していた新約聖書の読書を一時中止し、創世記を読み始めた13年前のある日、言葉を一つ一つ噛み締めながら思いを巡らせていると、以前どこかで読んだ聖師父たちの思いが次から次へと訪れてきました。それを整理するために書き留めていたものが、思いがけなく２０１５年に『師父たちの食卓で――創世記を味わう――』（ヨベル）という本として出版されました。この本はその続きです。一冊目は創世記第１章から第３章まででしたが、今回は第４章のみになりました。当初は第11章まで一気に書こうと思っていましたが、「相模原障害者施設殺傷事件」に衝撃を受けていろいろと思い巡らせることになり、第４章のみで一旦筆を置くことにしました。

この本を書く原動力となった思いはただ一つです。いろいろな姿で私に押し寄せてくるその一つ思いを綴りました。

ゆっくり静かに読んでいただければ幸いです。

２０１９年11月25日

ジュセッペ　三木　一

アベルのところで命を祝う——創世記を味わう　第4章——

目次

目次

22節　ツィラもまた、トバル・カインを産んだ。彼は青銅や鉄でさまざまの道具を作る者となった。

トバル・カインの妹はナアマといった。　*145*

23節　さて、レメクは妻に言った。

「アダとツィラよ、わが声を聞け。

レメクの妻たちよ、わが言葉に耳を傾けよ。

わたしは傷の報いに男を殺し

打ち傷の報いに若者を殺す。」　*146*

レメクの歌　*147*

ラビたちの伝統　*148*

15節　*149*

ユダヤの伝統　*150*

24節　カインのための復讐が七倍なら、レメクのためには七十七倍。　*152*

25節　再び、アダムは妻を知った。彼女は男の子を産み、セトと名付けた。

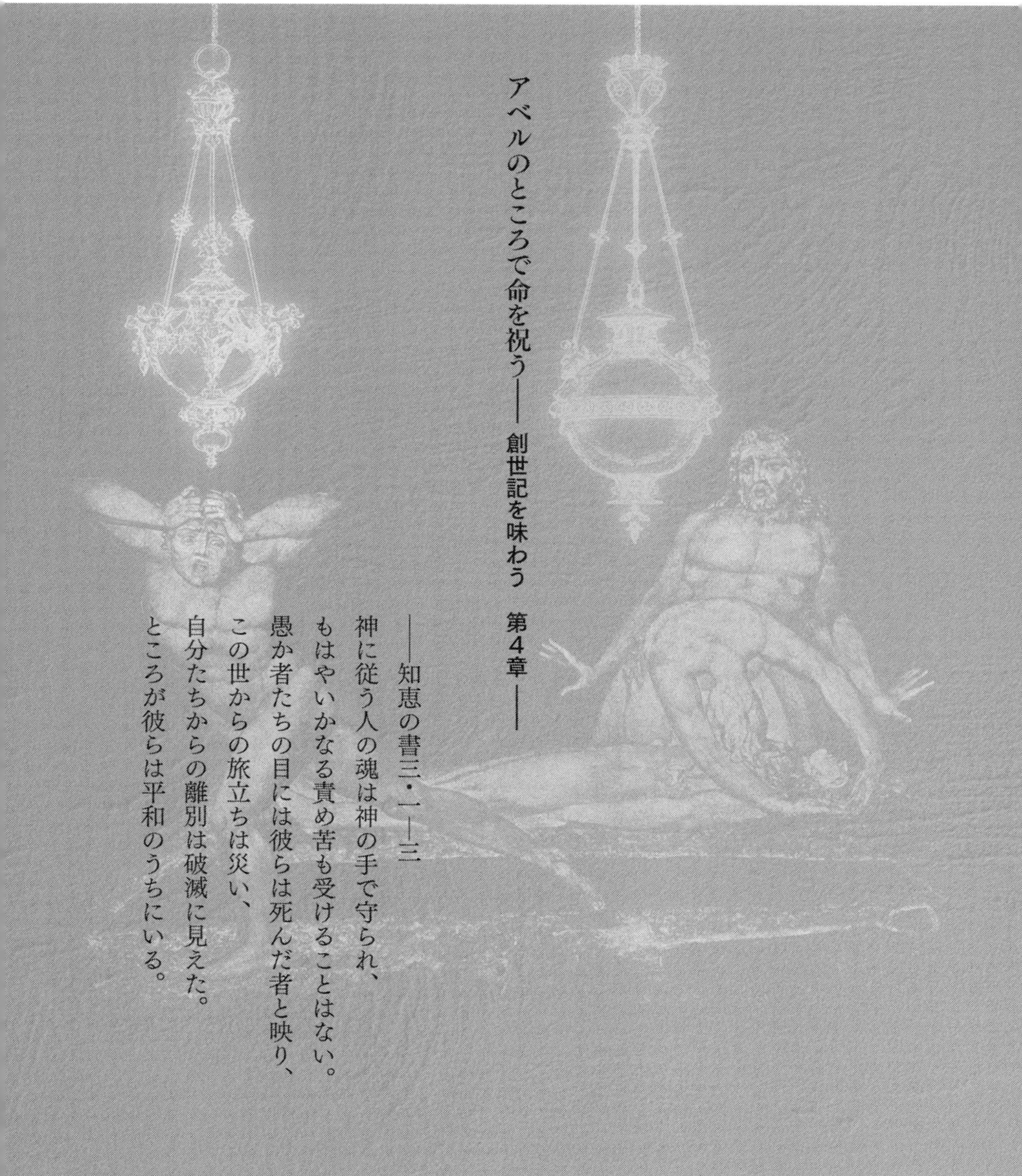

アベルのところで命を祝う――創世記を味わう　第4章――

――知恵の書三・一―三

神に従う人の魂は神の手で守られ、
もはやいかなる責め苦も受けることはない。
愚か者たちの目には彼らは死んだ者と映り、
この世からの旅立ちは災い、
自分たちからの離別は破滅に見えた。
ところが彼らは平和のうちにいる。

序　文――井戸と泉

聖書を読む時、私たちはまずテキストそのものを読みます。言うまでもないことです。しかしその下には地下水の流れにたとえられる、生まれた時代も場所も異なる解釈があります。そしてその流れを汲み上げるために多くの井戸が掘られました。聖師父たちが残してくれた書き物が井戸です。彼らは個人的な解釈をしたのではなく、教会の信仰を表すために書きました。泉とは、信者が自分の時代の出来事や事件を読み解くために聖書を掘り下げて読んでいくと、あふれ出る泉のように答えが湧いてくることのたとえです。教会の伝統は生きています。主は言いました。「だから、天の国を学んだ人は皆、自分の倉から新しいものと古いものを取り出す一家の主人に似ている」（マトフェイ13・52）。

①ギリシャ語圏の師父たち

プロコピオスと彼の聖書の「釈義の鎖」

6世紀初頭、ガザのプロコピオスは、師父たちが残した聖書の解釈を記した選集を書き表しました。ページの中央に太い字で聖書のテキストが書かれ、そのまわりに師父たちの主な解釈が細かい字で書かれました。この書き方は新しいジャンルとなり、たちまちギリシャ語圏の教会のみならず、シリア語圏やラテン語圏の教会にも広がっていきました。かなり後、14世紀になって、このような書き物は「釈義の鎖」と名付けられました。1000年程続いた「釈義の鎖」は、16世紀頃には少なくなったようですが、今日再び姿を現してきました。1995年に出版されたウンベルト・ネーリ(Umberto Neri)の『創世記』は現代の「釈義の鎖」で、私はこれをよく利用しています。

プロコピオスの鎖のおかげで、師父たちの多くの貴重な聖書の解釈が残されました。すべての鎖の特徴である懐の深さで、さまざまな流派の異なる解釈が同じページに並べられています。プロコピオスが聖書の文字通りの意味を重んじるアンティオキア派（シリア）に属していたか、または、霊的な意味を重んじるアレクサンドリア派（エジプト）に属していたかはわかりません。しかし、彼が重んじていたのは聖書の言葉があらゆる面から響くようにすることだっただのは確かなことです。

リオンのエイレナイオス（130―208）

リオン（フランス）の主教ですが、生まれはアナトリア（トルコ）です。スミルナにおいて使徒イオアンの弟子だったポリカルポス主教の下で信仰を学びました。リオンとビエンネの主教となりましたが、そこではギリシャ語とラテン語が話されていました。『異端駁論』を書き表しました。

ニッサのグレゴリオス（4世紀）

カッパドキアの3人の師父の1人（他の2人はバシリオスとナジアンザスのグレゴリオス）です。本書には『人間の創造』からの引用があります。

マクシモス
本書にはマクシモスからの引用がかなりあります。複雑な時代だった7世紀の人で、その時代までにギリシャの主だった師父たちはすでに多くの貴重な本を残していましたが、その教えをいろいろな角度から捉え直して著作としてまとめました。私は主に『アンビグア（Ambigua・問題）』から引用しました。その中でマクシモスは、ナジアンザスのグレゴリオス（４世紀）とディオニシオス（５世紀）の難解な言葉を深く掘り下げ、伝えています。

アレクサンドリアのキリロス（376―444）
主教だったキリロスは２つの顔を持った人物でした。独裁者のように他人に自分の思いを押し付けたり、気に入らない人を追放したりしましたが、聖書を読むことにおいては優れた人で、後世に大きな影響を与えました。釈義についての彼の思いは次の通りです。「モーゼのすべての本の中に、ハリストスのミステリオン（神秘）がいろいろな形で示されている」。

ディディモス（４世紀）
彼もアレクサンドリアの人で、目が不自由でしたが、詩編や創世記の授業を行っていました。１９４１年に彼の詩編の解釈がエジプトのツラで見つかりましたが、それ以前からプロコピオスの鎖の中に部分的に残っていました。

フォティカのディアドコス（５世紀）
主教で、祈りの伝統に大きな影響を及ぼした人です。彼についてはあまり知られていません。

クレメンス（11世紀）
彼もアレクサンドリアの人で、キリスト教徒とギリシャ哲学の出会いを試みました。第4の福音でロゴスと呼ばれているハリストスを、ギリシャ哲学のロゴスと結び付けようとしました。彼の試みは座礁しましたが、後にマクシモスが結実させました。

②シリア語圏の師父たち

ナルサイ（399―502）
創世記についての説教集があります。とても詩的な言葉で語っていて、さすがシリアの人だと感嘆します。

イソダート（7世紀）
旧約聖書全体の「釈義の鎖」を作りました。その中にはシリアの師父たちはもちろん、ギリシャ人のイオアン・クリソストモス、カッパドキアのバシリオス、アンティオキア派の彼には苦手だったアレクサンドリア派の解釈も載っています。

イサーク（7世紀）
ニニベの主教で修道者です。彼の著作はギリシャ語にも訳され（9世紀）、シリアの教会（レバノンから南インドまで）だけでなく、ギリシャ教会やスラブ教会にも知られ、愛されました。

③ラテン語圏の師父たち

カルタゴのテルトゥリアヌス（155―225）

キリスト教を理性で語るのは不可能だと言いました。もっとカリスマ的で終末的に生きる教会を望んでモンタノス派に入りました。

カルタゴのキプリアヌス（200―258）

主教で殉教者です。

アウグスティヌス（４世紀）

あまりにも有名な師父です。現代の鎖であるウンベルト・ネーリの『創世記』を通して彼の『神の国（De civitate Dei）』と『創世記についての問い』を引用しました。

ベダ（672―735）

創世記の解釈を４冊の本にまとめました。ベダが意図するのは、「キリスト教の偉大なる伝統に未だ触れる機会のないサクソニア（今日のイングランド）の教会に、師父たちの聖書の読み方を贈り物として差し上げたい」ということです。

ルペルト（12世紀）

おそらくルフィノの『オリゲネス』のラテン語訳に接し、その釈義に惹かれたことにより、聖書の多くの解釈を書きました。その中でも創世記の解釈は、キリスト教の伝統の中で最も深い作品の1つとされています。

彼の認識は次のような言葉に表されています。「聖書を探求する者は、時々ヤコブのように神と戦うべきである。しっかりと神を捕まえて、その言葉の意味が逃げないように」。また、「ハリストスはどこにでもいる。創造の始まりにいる、七日目にいる、命の木にいる、女の種にいる、アベルの捧げ物にいる、アベルの死にいる……」という調子で続きます。

『ヘルマスの牧者』

ローマ教会においてギリシャ語で書かれた黙示的な作品です。作者は不明です。カタコンベのフレスコ画を髣髴させ、陽気で素朴、穏やかなキリスト教徒がイメージされます。

④改革派

ルターは3冊の大きな本で創世記を解釈しました。ヴィッテンベルグ（Wittemberg）で行った授業が本になったもので、ルターの熱のこもった声が聞こえてくるようです。

カルヴィンはまず創世記の解釈をラテン語で書き、後に自らの手でそれをフランス語に訳しました。

ルターもカルヴィンも、師父たちから基本的なところを学んだことがうかがえます。

⑤現代の聖書学者

主にフォン・ラート（Von Rad）を引用しました。彼の『創世記』（邦訳あり）は昔から読み親しんできたものです。ツィンメルリ（Zimmerli）の本は持っていませんが、ウンベルト・ネーリの『創世記』に引用されているものを用いました。

⑥イスラエルの伝統

私はこの本でイスラエルの伝統をよく利用しています。『師父たちの食卓で』にもラビの言葉をかなり引用しましたが、今回はそれ以上です。

イイスス・ハリストス（イエス・キリスト）、メシアによってキリスト教徒とユダヤ教徒は分けられましたが、隠れている奥深いところでは一つだと思います。イスラエルの伝統は思いがけないところで私たちの信仰に何かを与えてくれます。

タルグーム

ネヘミーヤ記8・2―8からわかるように、イスラエル人は紀元前2世紀にはすでにヘブライ語を理解できなかったので、聖書はアラム語で語られ、解釈され、口で伝えられるのが一般的でした。ヘブライ語の書物をアラム語で書き残すことはしませんでした。

しかし、イイススの時代にはアラム語で解釈された巻物が存在しました。それがタルグームです。ユダヤ教において最も古い聖書の解釈であるタルグームは初代教会の聖書の読み方に近いものがあり、また、時代的にも地理的にも近いのです。

タルグームには４つあります。
・オンケロス　　バビロンで話されていたアラム語で書かれたもの。モーゼ五書の解釈。
・イエルシャルミ２　パレスチナで話されていたアラム語で書かれたもの。断片的にしか残っていない。
・偽ヨナタン　　パレスチナで話されていたアラム語で書かれたもの。貴重な解釈が多い。
・ネオフィティ　　パレスチナで話されていたアラム語で書かれたもの。１９５６年にローマで発見された。偽ヨナタンに近いが、独自の特徴を持っている。
ウンベルト・ネーリの『創世記』には、ユダヤの伝統としてはタルグームしか載っていません。私はそこから汲みました。

ラーシ（１０４０―１１０５）
正式な名はラビ・シャロモーベン・イシャーク。トロワイエ（シャンパーニュ地方）出身で、主にヘブライ語で解釈を書きましたが、時にフランス語が混ざります。
ユダヤ教におけるラーシの存在は大きなものです。私は創世記、出エジプトと雅歌についての彼の解釈を持っています。

バヒーア・ベン・イオシフ・イブヌ・パクダ
ラーシと同時代の人で、南スペインにおいて『心の務め』をアラビア語で書き表しました。彼の本はこれ一冊だけです。この本で紹介しています。

『ミドラシュ・テヘリーム』
詩編の解説です。ミドラシュとは物語や例え話の混ざった解説を意味し、テリヘームとは詩編（複数形）の意味です。中世に書き物として定まった形になりましたが、一個人の作品ではありません。

『ベレシート（創世記）』
イスラエルにあった「釈義の鎖」のような本で、『大きい聖書』と呼ばれています。私はイタリアのユダヤ共同体によって２００６年に出版されたものを持っていて、所々で引用しています。創世記第３章の終わりから第４章の初めにかけての１ページを載せておきます。

上部の右側には太く大きな字でヘブライ語のテキストが、左側にはそのイタリア語訳が書かれています。中央にはヘブライ語でその部分のラーシの解釈があります。下部にはイタリア語でさまざまな解釈が載っています。まさに印刷機の発明によって生まれた「釈義の鎖」の書き並べ方です。

65 | Genesi - Bereshìt　　Parashàt BERESHÌT　　3|23 - 4|2 • ג|כג - ד|ב

Espulsione dell'uomo dall'Eden

dal giardino di 'Eden per lavorare la terra da cui era stato tratto. [24]Scacciò l'uomo e pose a oriente del giardino di 'Eden i cherubini e la lama della spada ritorta affinché sorvegliassero la via dell'albero della vita.

4 [1]**A**dàm conobbe sua moglie Khavà, che concepì e generò Kàyin. Disse: «Ho acquisito *(kanìti)* un uomo con Hashèm». [2]Generò ancora e [partorì] suo fratello Hèvel. Hèvel era pastore e

Nascita di Kàyin e Hèvel

כג וַיְשַׁלְּחֵהוּ יְהוָה אֱלֹהִים מִגַּן־
עֵדֶן לַעֲבֹד אֶת־הָאֲדָמָה אֲשֶׁר
כד לֻקַּח מִשָּׁם: וַיְגָרֶשׁ אֶת־הָאָדָם
וַיַּשְׁכֵּן מִקֶּדֶם לְגַן־עֵדֶן אֶת־
הַכְּרֻבִים וְאֵת לַהַט הַחֶרֶב
הַמִּתְהַפֶּכֶת לִשְׁמֹר אֶת־דֶּרֶךְ
עֵץ הַחַיִּים: ס
ד א וְהָאָדָם יָדַע אֶת־חַוָּה אִשְׁתּוֹ
וַתַּהַר וַתֵּלֶד אֶת־קַיִן
וַתֹּאמֶר קָנִיתִי אִישׁ אֶת־יְהוָה:
ב וַתֹּסֶף לָלֶדֶת אֶת־אָחִיו אֶת־
הָבֶל וַיְהִי־הֶבֶל רֹעֵה צֹאן וְקַיִן

Rashì ◦ רש״י

לַגָּן ◦ **אֶת הַכְּרוּבִים.** מַלְאֲכֵי חַבָּלָה ◦ **הַחֶרֶב הַמִּתְהַפֶּכֶת.** וְלָהּ לַהַט, לְאַיֵּם עָלָיו מִלִּכָּנֵס עוֹד לַגָּן. תַּרְגּוּם לַהַט, שְׁנַן. וְהוּא כְּמוֹ "שְׁלַף שִׁנְנָא" (סנהדרין פב, א). וּבִלְשׁוֹן לַעַ"ז לאמ"ה. וּמִדְרַשׁ אַגָּדָה יֵשׁ, וַאֲנִי אֵינִי בָּא אֶלָּא לִפְשׁוּטוֹ ◦ (א) **וְהָאָדָם יָדַע.** כְּבָר קוֹדֶם הָעִנְיָן שֶׁל מַעְלָה, קוֹדֶם שֶׁחָטָא וְנִטְרַד מִגַּן עֵדֶן. וְכֵן הַהֵרָיוֹן וְהַלֵּידָה. שֶׁאִם כָּתַב וַיֵּדַע אָדָם, נִשְׁמַע שֶׁלְּאַחַר שֶׁנִּטְרַד הָיוּ לוֹ בָּנִים ◦ **קַיִן.** עַל שֵׁם "קָנִיתִי" ◦ **אֶת ה'.** כְּמוֹ עִם ה'. כְּשֶׁבָּרָא אוֹתִי וְאֶת אִישִׁי, לְבַדּוֹ בְּרָאָנוּ, אֲבָל בָּזֶה, שֻׁתָּפִים אָנוּ עִמּוֹ ◦ **אֶת קַיִן אֶת אָחִיו אֶת הָבֶל.** שָׁלֹשׁ אֶתִּים, רִבּוּיִים הֵם, מְלַמֵּד שֶׁתְּאוֹמָה נוֹלְדָה עִם קַיִן, וְעִם הֶבֶל נוֹלְדוּ שְׁתַּיִם, לְכָךְ נֶאֱמַר "וַתֹּסֶף" (בראשית רבה) ◦ (ב) **רוֹעֵה צֹאן.** לְפִי שֶׁנִּתְקַלְּלָה הָאֲדָמָה, פֵּרַשׁ לוֹ מֵעֲבוֹדָתָהּ ◦ (ג) **מִפְּרִי הָאֲדָמָה.** מִן הַגָּרוּעַ. וְיֵשׁ אַגָּדָה

COMMENTI

24. אֶת־הַכְּרֻבִים ~ *I cherubini:* secondo Rashì, in questo contesto il termine indica gli *angeli della distruzione*. Sono coloro che devono impedire all'uomo di scoprire e di introdursi nuovamente nel Giardino dell'Eden. Rav Ya'akòv Kaminètzky fa notare che *cherubini* è anche il nome delle raffigurazioni degli angeli sacri, con il volto di bambini, posti sul coperchio dell'Arca Santa nel Tabernacolo e nel Santuario. Qui i cherubini sono distruttivi, mentre nel Santuario rappresentavano i poteri vitali che la Torà dona all'uomo. Ciò allude alla grandissima importanza dell'educazione: i bambini possono diventare santi o malvagi, a seconda di come vengono cresciuti.

1. יָדַע ~ *Conobbe:* è il verbo impiegato dalla Torà per indicare le relazioni coniugali. Secondo Rashì (che si basa su *Talmùd Sanhedrìn* 38b) Kàyin fu concepito e nacque prima del peccato e dell'espulsione dei genitori dal *Gan 'Eden*. Secondo il Talmùd (*Sanhedrìn* 38a e *Yevamòt* 62a) con Kàyin era nata una gemella e con Hèvel ne erano nate due.

• אֶת־יְהוָה ~ *Con Hashèm:* Khavà disse: «Quando Hashèm ha creato Adàm e me, lo ha fatto da solo. Ora invece noi siamo suoi soci». (Rashì).

2. רֹעֵה צֹאן ~ *Pastore:* poiché la terra era stata maledetta, Hèvel preferì allontanarsene (*Midràsh Aggadà*; Rashì). Benché all'uomo fosse ancora vieta-

自己紹介

僕がどんな人かと不思議に思う人のために、そんな疑問に気が散って本書に向かい合えなくなってしまわないよう、簡単に自己紹介します。

・一九四三年、ローマで生まれる。名はアバテ・ジュセッペ

・一九六三年、回心の恵みを受けました。

・一九七一年、来日。「福音の小さい兄弟会」の修道士として東京に。来日の前の八年間は、修道士の見習いと、三年間の神学の勉強をローマのグレオリアーナ大学でしました。生きるための基本的な習慣を身につけて今に到ります。最も大切で幸せな時。

・一九八〇年、修道会を退会して名古屋へ移り、名古屋教区のカテキスタ会に入り、教区レベルの日曜学校に自分の仕事を持ちながら協力しました。（～二〇〇五年）

・一九八一年、結婚。二年後三木一という名前で日本人になりました。

・一九九四年、名古屋から知多半島の阿久比町《あぐいちょう》へ。

・一九九五年、聖書を読む集会を始め、今日に到る。一〇人くらいのグループにプスチニア（「砂漠」から転じて「祈りの家」）と名付ける。

・二〇〇五年、正教会の信徒になる。半田市乙川の半田正教会に所属する。やがて相次いで、聖書の会のメンバー七人が正教徒となり、他のメンバーも学びを続けています。

アベルのところで命を祝う　第4章1節～26節

第４章の幕が開くと、アダムとエバは私たちと同じ「現実の世界」にいます。いつの時代にも善と悪の根は絡み合い、生きる道には絶えず問題が生じます。

１節　さて、アダムは妻エバを知った。彼女は身ごもってカインを産み、「わたしは主によって男子を得た」と言った。

――アダムは妻エバを知った――

妻と結ばれたという意味です。この文はそれ以上のことを言っていません。聖書において男女の結合を表すために広く使われている動詞は「結ばれる」ではなく「知る」だと学者は言います。フォン・ラートは著書『創世記』の中で「動詞ジャダー、つまり『知る』とは、ただ知識として知るというより、むしろ経験して知る、熟練して知ることを示す」と言っています。もし解説を書いているなら、ここで終わるべきです。しかし瞑想していると、このアダムの「知る」という言葉の中には何か他の意味があるような気がしてきます。

アダムは妻を「生きるものの母」を意味する「ハワ（エバ）」と呼びました。アダムは直観的に、妻の本質に触れることによって彼女を知ったのです。これをルターは預言的な知り方、師父は霊的な知り方と言います。

エバが母になるためにアダムと結ばれたことは、彼女が「生きるものの母」と呼ばれたことと無関係ではありません。知ることは最も重要な２つのこと、真理と愛に関係のある行動です。真理のみが知られる資格があるのです。真理は知られることを望み、ベールを脱ぎ、姿を現し、見えてきます。真理に達しない知的活動では知ることにはなりません。

知るという人間の行為だけではすべての真理に達することはできません。真理を知った人でも、一部分だけ、現れた部分だけを受け取るのです。

なぜなら、知るという行為が真理を生むのではなく、真理が知ることを生むのですから。

真理は知ることより大きいのです。部分的に真理を知る人は愛を持ってそれを抱《いだ》くことができます。愛を持って抱くことで全体の真理を抱きます。

もしある人が初めからすべての真理を知っていたならば、彼はそれを抱くことはないかもしれません。抱かないならば、結局知ることにはならないでしょう。アダムはエバを抱き、息子を得ました。苦しみの始まりでした。この苦しみを前もって知っていたなら、もしかすると彼女を抱かなかったかもしれません。そして抱かなかったなら、「生きるものの母」としてのエバを知るということを捨てたでしょう。

——真理を抱く——

真理を知った人は自分が新しい状態にいると気づきます。彼の人生にとって重要な時です。自分自身の罪を知った人、言葉を和らげて言うなら、自分のみじめさを知った人を例にとりましょう。彼がこの真理を抱くなら、自分自身をよりよく知り、また神の愛も知るようになるでしょう。なぜならば、神を抱かずにみじめな自分を抱くことはあり得ないのですから。「神に愛された者」としての自分自身を知った彼は「黒い」けれど「美しい」のです。雅歌１・５が「エルサレムのおとめたちよ、私は黒いけれども愛らしい」と詠うように。

しかし、知った真理を抱くことなく自分の城の一部屋に閉じ込めてしまうなら、彼は真理を知っているにもかかわらず偽りの人となります。真理は城の亡霊となり、彼を責めます。真理は私たちを暗闇の牢（私たち自身）から解放し、重荷（私たち自身）を軽くしてくれます。

言葉を変えるなら、真理を知るということは私たちについての「みこころ（思し召し）」を知ることです。今生きているこの場所、この瞬間にみこころを抱くのです。これはキリスト教徒の生き方の縮図ではないでしょうか。福音者イオアン（ヨハネ）は「真理はあなたたちを自由にするでしょう」と言います。その通りです。ただし、真理を抱くならば。みこころ（真理）を抱かずにみこころを行うことは可能ですが、みこころを抱きながらそれを行わないことはできません。

人のみが真理を抱き、知り得ます。真理を抱いてこそ、その知識が価値あるものになるのです。

――現実と真理――

イタリア語には日本語では使われない表現があります。「修道生活を抱《だ》きしめる」「軍隊生活を抱きしめる」などもそうです。この言い回しは、単にある生き方を選ぶということだけではなく、その生き方に含まれるすべてを受け入れることを宣言するものです。

真理を受け入れたい人は同時に現実を受け入れますが、そこには真理から相当かけ離れているものもあり、それらも受け入れざるを得ません。それが私たちの状況です。マトフェイ（マタイ13・24―30、36―43）にあるイイススの例え話はこの状況を語っています。

麦畑でたくさんの良い麦に混じって毒麦が育っていました。主人が毒麦をまいたはずがありません。きっと敵がまいたのでしょう。そこでしもべが「ご主人様、毒麦を抜きましょうか」と聞きました。しかし主人は「いや、両方とも育つままにしておきなさい。悪い麦を抜こうとすれば、根が絡んでいて良いものも抜けてしまう可能性があるから」と答えました。

イイススはこの例え話の説明をしました。畑はこの世、この現実です。その中には真理も偽りもあります。世の終わりに偽りは束ねて燃やされます。その時、真理とそれを愛する人々は太陽のように輝くでしょう。

どうしたら偽りに汚れないままで真理を「抱きしめる」ことができるのでしょうか。距離を保つこと。できる時にはそうするべきです。場合によっては仕事を辞める、協力しないのがよいでしょう。または孤立する、のけ者になることなどを選べるならば選ぶのです。しかし多くの場合にはできません。また、そうしたからといって状況はよくなりません。

真理と偽りを区別して、愛を持って真理を見つめます。偽りがすぐそばにあることに当惑せず、必ず後に滅びるものとみなします。区別するべき真理は命です。偽りには死の匂いがします。もちろん「命」と言えば永遠の命を指します。私たちのこの肉体の命は永遠の命の始まりですから。「この肉体の命は永遠の命の始まり」であるという真理はまさに基本です。使徒、殉教者や教会のすべての伝統がそれを証明しています。

―― 没薬のようににがい ――

私の思い出の中に、今言わんとしていることの一つのイメージがあります。15世紀のスペインの聖人である十字架のイオアンが描いた絵で、確かに彼が書いた本の中にありました。白いページの真ん中に悲しそうな女性の顔が描かれ、すぐ下に若い男性の顔がありました。髭がまばらに生え、傷跡があり、横たわっていました。たぶん死んでいたのでしょう。その絵の下にはスペイン語の文章がありました。「私の愛する方が私の胸の上にいます、没薬の匂い袋のようににがい」だったと思います。

聖書の雅歌の1・13の言葉ですが、十字架のイオアンの本には「にがい」という形容詞が加えられ、何かを表そうとしています。

東方では（日本でも）、若い女性が首や胸によい香りのハーブが入った袋をつける習慣があります。そのため「私の愛する方が没薬の匂い袋のように私の胸の上にいます」という節はとても心地よく感じられます。しかし教会の伝統では、没薬は主イイススの葬りを連想させます。主の受難を思わせます。

アリマフェア（アリマタヤ）のイオシフ（ヨセフ）は、主の葬りのために没薬とアロエが混ざった百リブル（30㎏）の油膏を買いました。

十字架のイオアンが書いた絵は一つの「ピエタ」かもしれません。十字架から降ろされたばかりのイイススの頭を自分の胸に抱く母マリア、生神女《しょうしんじょ》（「神を生みし女」を意味する、正教会におけるイエスの母マリアに対する敬称。）が表現されているのでしょうか。または、傷つけられにがくなってしまった愛する者を抱いて休ませている魂をイメージしているのでしょうか。

愛する者とは子供かもしれません。または夫か妻、あるいは友、それとも自分自身でしょうか。しかし誰であろうと、それがまさにイイススだと信じるならば（実際そうなのです）、私たちは彼を抱くことによって傷ついている全人類を抱くことができます。近い者も遠い者も、いとしい者もそうでない者も、抱けば自分のこの悲しい愛は宇宙的なものになります、生神女の愛のように。

この普遍的な愛は悪を受け入れて抱くわけではありません。むしろそれを打ち砕き、燃やし、消すのです。復活の世界のエネルギーなのですから。

思いの糸をたどっていたら、とんでもなく遠いところまで来てしまいました。しかしそれほど遠くはありません。あのにがい女、エバをアダムは抱き、彼女もあのにがい夫を抱いたのです。

そうすることによって、二人は「産めよ、増えよ」と自分たちを祝福した神に従ったのです。

二人の子はにがい子ですが、それでも祝福を運びます。祝福はハリストス（キリスト）、イイスス（イエス）の生まれた時にこの世に現れました。それはマトフェイとルカ福音書にあるイイススの系図の意味するところです。

――神への愛と隣人への愛の接点――

イイススの系図への思いに誘われましたが、それはさておき、今少し十字架のイオアンの絵にとどまりたいと思います。

なぜなら、この絵の中に神への愛と隣人への愛の接点が見えてくるように思われるからです。この接点が自分への愛です。自己愛ですが、あの悪名高い「フィラウティーア」という利己主義ではなく、隣人愛の基準である「自己愛」です。「自分自身を愛するように隣人を愛しなさい」（レビ記19・18）とあるように。そしてまた「目に見える隣人を愛さないなら、どうして目に見えない神を愛することができるでしょうか」（イオアンの第１の手紙４・20）とも書かれています。

イイススも、第一の戒めである「神を愛せよ」と第二の戒め「隣人を自分のように愛せよ」が似ているとはっきりと言いました。この二つの戒めは一つであるはずです。

そこで真の「自己愛」がどれほど大事なものであるかがわかります。

愛の接点を見つけたいのなら、悲しく神の前に座ります。そして自分の魂を自分の胸の上で休ませるのです。そして自分の魂に向かって言います。「わが魂よ、み前に休みなさい、没薬の匂い袋のようににがい」。

神の前で休み始めたあなたの魂をじっと見つめること。どれほど傷つき貧しく、裸であるかということを。現実をそのまま見つめること。言い訳をせず、思い描く理想のすばらしさにも目を向けてはいけません。それは現実がそのまま真理であるわけではなく、現実は良い麦と悪い麦がともに育つあなたの畑だからです。あなたの真理はまさにそこにあります。真理の根は毒麦の根と絡んでいるのです。

常識を持つ人はあなたに「自分の現実を受け入れなければならない」と言います。そして結果的には励ますより落ち込ませるようなお説教をします。それはまさにこの現実に受け入れがたい何かがあるからです。常識人は正しいことを言います。現実は良い麦と悪い麦が混在する麦畑で、それがなければ良い麦もないからです。しかしあなたも正しいのです。毒麦は受け入れられるものではありませんから。

現実を受け入れるというより、それを担い耐えるべきでしょう。（「あなたの忍耐によってあなたの魂が救われる」と福音は言います。）耐えながらあなたの真の姿に目を向けようとするのです。あなたの真理ははっきりとは見えてきませんが、あると信じるべきです、神がいるのと同じく。

自分についてこう言いなさい。「私は黒いが美しい、エルサレムの娘よ」（雅歌１・５）。あなたの真理があなたの美しさで、あなたの美しさがあなたの真の姿です。

自分が醜く、歪んでいて、中途半端な者だとはみなしてはいけません。絶対にしてはなりません。それは偽りであり、誘惑です。あなたは美しい者だと確信し、自分を愛するべきです。この愛が神への愛と隣人への愛の接点です。

この接点にいたなら、同時に神を愛し、自分を愛し、自分のように隣人を愛することができます。自分を愛さないなら神も人も愛せないのです。

神は愛する人に言います。「おとめたちの中にいる私の恋人は、茨の中に咲きいでたゆりの花」（雅歌２・２）。おとめたちとは常識を持った人で、説教はしても実行する力を与えない人としましょう。茨のような人たちです。しかしわが魂よ、あなたは神の前に身を置いた時から自分が美しく真理にかなう者だと確信するべきです。ただ一つのことに気を付けてください。自分の美しさと真理を想像してはいけません。はっきりとは見えなくてもそれを信じるべきです。時にはおぼろげながらもそれを見たり感じたりする恵みが与えられるかもしれません。しかしいつもイメージはないでしょう。

現実に身を置き、それに耐えなさい。同時にいつも神の前にいるようにしてください。彼こそがあなたの美しさとあなたの真理です。そうすれば自分を愛することができるでしょう。

同じようにアダムはエバを知りました。「妻を愛する人は、自分自身を愛しているのです」（エフェソ５・28）とパウエル（パウロ）は言います。彼らの麦畑には毒麦が育ちますが、神の祝福である良い麦に勝つことはできません。

――自分を軽蔑するという誘惑――

人生の半ばにさしかかった頃に「自分を軽蔑する」という誘惑に襲われた一人の男の物語を書きましょう。自分自身を愛することの重大さを語っていますので。

彼は誰から見ても（彼自身を含めて）まっすぐで模範的な修道士のようでしたが、ある人との出会いにより、子供の時から隠れていた自分の人間的なみじめさを発見しました。

そして自分の内にサタンの笑いを感じました。「なんと偉大な修道士であることよ、貧しい人の友か」というサタンの嘲笑を。当時はその出会いが彼に深い憂鬱を与え、むしばんでいたため、この自分を軽蔑するという誘惑に立ち向かうことができませんでした。

その頃、彼は東京の山谷で日雇いの仕事をしていました。イタリアにいる母親が癌に侵され数か月の命だと聞いたので、長く働いていた東墨田のなめし工場を辞め、誰にも迷惑をかけずにすぐに旅立つことのできる仕事に就いていました。

毎朝5時頃、寄場で他の労働者たちと一緒に人を集めに来る手配師を待ちました。彼は日雇いの中にいて、日雇いの一人でしたが、仲間の中で人間らしい顔をしている人は誰もいないような気がしていました。煙草ばかり吸って目も顔も黄色い人、わずかに残っている歯を見せて笑ってばかりいる人、他人を笑わせようと必死に話し続ける人もいました。しかしその話題は逆に彼の鬱を深めるものでした。

その当時（1979年）、横浜の鶴見では大土木工事が行われていて、毎朝40人以上の労働者が、始発の地下鉄に乗るために南千住の日比谷線に向かっていました。彼もまた3か月前から続いているサタンの笑いに悩まされながら、黙って歩いていました。

ある朝、見たことのない人が皆と一緒に歩いていることに気付きました。彼はこの背が低く痩せた男に一目で心引かれました。小さなリュックを背負い早足で歩いている男には、晴れ晴れとした静けさと調和がありました。男に近づいて「初めて見る顔ですね」と話しかけると、男は「来られる時だけ来ています」と答えました。「なぜ日雇いをするようになったのですか」とさらに尋ねました。普段ならこのような質問はしません。人はそれぞれが自分の物語を持っていますが、それについて語りたい人は多くありません。

しかし男はすぐに答えました。ある会社で働いていたが、精神病院から退院した妻が具合の悪い時は仕事へ行かせてくれないため、男は会社を辞め、妻の調子がいい時だけ日雇いをしているとのことでした。

「どこから来ているのですか」とまた聞きました。「池袋から」。会話はそこで終わりましたが、鶴見までずっと男の近くにいました。早朝の地下鉄は空いていたため、乗り換え後も男のそばに座っていました。

その後は一言も交わしませんでしたが、男の隣にいるだけで不思議な安らぎを感じました。鶴見駅のホームで幾人かの監督が労働者を待っていて、少人数のいくつかのグループに分け、それぞれの現場に連れて行きました。彼はあたりを見回して先ほどの男を探しましたが、もう見ることはありませんでした。

現場に向かっている途中で、サタンの笑いが消えたことに気付きました。それから二度と現れることはありませんでした。彼の内で心が目覚めました。何かが起こりました。あの男は天使だったのでしょうか。それとも、あれほど小さくて親しみやすい人だったということは、主ご自身だったのでしょうか。いいえ、正真正銘の池袋の小さな日雇いだったのでしょう。しかし、このことは確かだと思いました。「主はその民を訪れた。ご自分のしもべを砕いてから、訪れた」。そして、もう一つ大きなことをしっかりと理解しました。自分を軽蔑することは、すべてを美しく造った創造主にそむく深刻な誘惑です。救いのない人々を最後まで愛した救世主に背を向けることです。すべてを新しくする聖神を信じないことです。

自分を軽蔑することは自殺に次ぐ最も大きな罪です。しかし、これは誰にでも訪れる可能性のある試練です。誘惑に陥らないように前もって祈ります。

――福音の系図――

アダムはエバを知り、彼女は身ごもりカインを産みました。世代と系図の始まりです。

神は長い年月の間、ご自分の民を、幾多の世代を通じて、歩みの始まりに約束した祝福が訪れる時まで導きました。始まりは神にあり、最終的な実現は復活したハリストスにあります。

マトフェイ福音書（マタイ福音書）はイイススの系図から始まります。まずはアブラハムからダビデまで、そしてダビデからバビロンへの移住まで、最後はバビロンへ移されてからハリストスまで。３つのステップがあり、それぞれにはマトフェイが言うように14の世代があります。14は７×２で、聖書において７とは完成を示す数字です。つまり７つの世代を持つ６つのグループがあるのです。しかし６という数字は不完全さを意味します。どのような意味でしょうか。世代は祝福を運びますが、完成には届かないということではないでしょうか。人間の歴史が７つの世代を持つ６つのグループであるのは失敗に終わった完全さを意味します。しかしイイスス・ハリストスから始まる世代は７番目であり、完成にいたります。

マトフェイの系図では、名前の中に救いの道が暗示されています。

アブラハムからダビデへいたる第一のステップでは、実は14世代ではなく13世代しかありません。第二のステップ（ダビデからバビロンへの移住まで）には14世代ありますが、第三（バビロンへ移されてからハリストスまで）には再び13世代しかありません。

シルヴァノ・ファウスティのマトフェイ解説にはこう書かれています。

「よく見ると、マトフェイの示す数字には２つの世代が足りない。最初の１世代と最後の１世代が。完成しているのは失敗に終わった移住の世代だけである。もちろん計算間違いではない。半端な世代は書かれていない２つの名前へいざなう。神の名前と私たち一人一人の名前である。神は信仰によるアブラハムの父であり、私たち一人一人は主イイススを受け入れることによって神の子となる（イオアン１・12）。人間の誕生には、その根としておん父が、その実りとして神の子がいる」。

つまり、第一のステップが潜んでいる神の名で始まるならば14代になり、第三のステップが潜んでいる私たち一人一人の名で終わるならば同じく14代になるのです。

また、系図に書かれている男と女の話を知っている人にはすぐわかることですが、神の祝福が主イイススに至るまでに、その間の世代はどれほど多くの罪や失敗を繰り返してきたことでしょうか。

この系図は旧約聖書の縮図のようなものです。

ルカの系図では、もっと直接的な方法で同じ結論にいたります。主の系図は時をさかのぼり、アブラハムをさらにさかのぼり、アダムと神までたどり着きます。ルカはマトフェイとは異なり系図を福音の最初に置かず、主のヨルダン川の洗礼のエピソードの中にある「あなたは私の愛する子、私の心にかなう者」という天からの声のすぐ後に置きます。この天からの声は詩編２・７の言葉で、イスラエルではメシヤを指す言葉とされていました。主に向けられた「あなたは私の愛する子、私の心にかなう者」という言葉は洗礼を受けるすべての信徒に向けられていると教会は理解します。

真の人である神の子イイススのおかげで、どの人も神の子となる恵みを受けることができるようになりました。これこそ福音の系図が言わんとするところです。すでに創世記３・15（「お前と女、お前の子孫と女の子孫の間に／わたしは敵意を置く。彼はお前の頭を砕き／お前は彼のかかとを砕く。」）で預言されたことでした。女の子孫が蛇の子孫に打ち勝つという神の約束通りになりました。

――師父たちにおける性の位置付け――

「エバを知った」。教会は昔からアダムとエバの性的活動がエデンの外で行われたと解釈します。

現代の聖書解釈者フォン・ラートはこう言います。

「男と女が創造された時から肉体的に結ばれる運命にあったことは、神の創造の仕組みとして、すでにエデンの園で強調されていた。しかし実際の性的活動がエデンの外で行われたとしたのは、創世記を物語った人の鋭い判断によるものだった。」（フォン・ラート『創世記』）

したがって、今日においてもユダヤの伝統の最大の解釈者とされる中世のユダヤ人トロワイエのラーシ Rashi de Troyes（12世紀）の解釈を読んで驚きました。彼はタルムード・サネドリン386に基づいてこう書きます。

『するとアダムはすでにその女エバを知っていた』。これはすぐ前に語られた出来事より以前に起こったこととして書かれている。要するに罪を犯す前、もちろん追放される前のことである。もし『するとアダムは……知った』とあったなら、逆に彼は追放された後に子供を得たということになるだろう。」（ラーシ『創世記』）

実のところ、神の言葉を思い巡らせたいキリスト教信者にとって、「いつ」アダムがエバを知ったのかということはたいして重要ではないはずです。しかし師父の伝統では、罪の前、エデンの園での性的活動は考えられないものであることを、私たちは無視できません。

師父と共に聖書を読んでいる以上、このことを考えずにはいられないでしょう。しかし学問的にではなく、あくまでも祈りながら読む信者として考えたいと思います。

ガザのプロコピオス（7世紀）

「罪を犯す前、エデンの園では性の交わりはなかったはずである。なぜなら私たちが堕落してしまった場所に再び導かれるのなら、また、救世主が復活の世界にはもはや死はなく性の交わりもないと言ったので（ルカ

20・35「次の世に入って死者の中から復活するのにふさわしいとされた人々は、めとることも嫁ぐこともない。」）、最初にも男女の交わりがなかったのは明らかだろう。」

このようにプロコピオスは師父の思いを短くまとめました。

師父たちはエデンの園での命の生み出し方より、復活の世界での命のあり方に思いを寄せます。それは、復活の世界が単なる後の世界ではなく、死の支配に悩まされているこの世界にすでに存在しているからです。復活の世界は見えませんが、そのエネルギーによって、見えるものよりも真実性を持っています。私たちは今日、復活の光に照らされて生きているおかげで、知り得ない私たちの根源を察することができるのです。

「私たちは道の終わりに近づくと、自分の目的を発見する。そしてその発見によって私たちの源を見出す。」（マクシモス）

パウエルは「ハリストスの世界には男も女もいない」（ガラティア３・28）と言い、創世記には神が「男と女に創造された」とあります。どうしたらこの２つの記述を矛盾なく１つにすることができるでしょうか。

マクシモスは、分かれてしまったものをハリストスが一致へ戻すと言います。

「ハリストスは、私たちの中に存在する分裂から始まるすべてのものをご自分の内で１つにする業を始めた。こうして男女の差を取り除き、（男と女に分けられている）私たちを私たちと一致させた。主は男女という差ではなく、彼の似姿であり、神のイメージをゆがめることなく保つ人間を私たちに示した。そして私たちと共に、私たちのために造られた全世界をご自分と一致させた。天と地、見えるものと見えないものをご自分と一致させることで、主は、いかに世界は多くの部分がお互いに集まることによって１つであるかを示した。創造された世界は、同一であり唯一であるロゴス（神の言葉）を（どんな差をも超えて）受けることができる。なぜなら「存在」というものより、原点である「無存在」を持っているからである。」

（『アンビグア（問題）』1309A, 1312A~B）

マクシモスは、世界が創造された時点で人間の性的活動があったのかという細かい問題をはるかに超える広い空間を開いてくれました。

しかし、マクシモスの言葉はパウエルの「ハリストスの世界には男も女もいない」には基づいていますが、創世記の「男と女に創造された」に矛盾しないでしょうか。

ニッサのグレゴリウスは『人間の創造』（17・22）で、神はすでに人間が性の交わりによって子を成すだろうことを知っていた、と言います。つまり動物と同じ方法です。マクシモスも200年後に同じような思いを「タラシオへの問題」（1, ccsa）に書いています。

簡潔に言えば、師父の考えは次のようなものでしょう。神は多様性に富み区別のある世界を創造しました。造られたものがそれぞれの種類の中で個々として存在するように。その区別の1つは男女間にあるものです。しかしそれは創造の第一段階にすぎません。第二段階ではすべてはハリストスの内で1つになります。源に戻る動きです。

ニッサのグレゴリウスは、反対のものを1つに結ぶのが人間の役割だったにちがいないと言います（説教39・13）。人間は男女の区別があるものとして造られましたが、この差は上の次元、つまり神を知る次元において1つになるはずでした。ところが罪により、この区別は下の次元（動物の次元）で決定的なものになってしまいました。動物が劣った存在であるわけではありませんが、多様なものを1つにする役割は動物のものではなく、人間のものでした。

人の失敗のために、多様なものをまとめる役割は神の子、ハリストスのものになりました。先ほどのマクシモスの引用にあるように。

神は人間が罪を犯すことをもちろん知っていました。栄光の衣で人を包みましたが、人を守るために動物の皮で作った衣も着せました。約束が実現するのを待ちながら生き続けることができるように。約束とは罪の後になされた「女の子孫が蛇の子孫の頭をつぶす」という預言です。


シリアのイサクの言葉を記憶を頼りに書きます。

「聖書の中で神が人間を造ったことを後悔するような記述があるが、文字通りに受け取ってはいけない。神はすでに人が罪を犯すと知っていた。しかし人間のみじめさと滅びがなければ、どうやってご自分の慈悲と救いを啓示することができただろうか」。


50年ほど昔のことですが、ある神学の教授が、師父たちは性を位置付けることができなかったと語っていました。結論しか思い出せないので、なぜ彼がそう確信するに至ったかはわかりません。当時「仕事の神学」や「解放の神学」が流行っていたので、「性の神学」の元になる何かを求めていたのかもしれません。

しかし神学は神のみを語り、その神は「対象」にされると常に姿を消します。神は「対象」にはなり得ず、「主体」でしかありえません。神学の主体は神であり、神学には対象はなく、主体しかないのです。神を語る学問は神の言葉で語る以外に語りようがありません。神学とは、聴くこと、従うこと、眺めることです。それは師父のあり方で、正教の信者の心であると思います。

師父がアダムとエバの性的活動をエデンからの追放の後に置くのは、エデンにいた時の生き方を客観的に語りたいからではなく、人間の今の状態を上からの落下として語りたいからです。そして師父は、人間が落下する前にいたあの高いところを知らないので、描写したいわけでもありません。それはイイスス・ハリストスの復活から来る光の反射としてしかわからないからです。主の復活が師父たちが語るすべてのことの主体です。

――エバはカインを産み、「私は主によって男子を得た」と言った――

長男の名「カイン」は「得た」（kaniti）という動詞から来ています。将来性に富んだ名前です。人が「土地を得た」という時と同じく、エバはカインを得て満足でした。一人の男子が生まれました。それは財産のようなものです。

母の自然な感情は創造主の祝福にも沿っていました。昔の解説者は口を揃えてエバを褒めています。

プロコピオス

「罪を犯すように夫をそそのかした彼女は、罰として楽園から追放されたことによって、今、良い方へと導かれ、生まれた子供は神の創造力のおかげだと認識した。『産めよ、増えよ』（創世記1・28）という祝福の言葉を記憶に留めていたからである。こうして、主を軽んじていた彼女は主を頼るようになった」。

師父ベダ

「私たちの元祖は、早くも霊的な理解力で次のように私たちに教えてくれる。生まれてきた子供は確かに罪の支配下にいるが、神の創造の力と祝福のたまものによって真に『得た』ものであると」。

創世記４・１は、アダムとエバが結ばれたこと、神のおかげで子供が生まれたこと、人間と神の協力という三つを語っており、とても前向きで明るいものです。

神の創造の力と祝福の贈り物が人間を支え続けます。

しかし、かすかな違和感が私たちを襲います。話の続きを知っているからでしょうか。カインの語源である「得た」（カニーティ）という動詞から、私たちは禁じられた木の実に手を出したエバのあの手を想像するのです。「得る」は強い言葉です。弟の名前、アベルはどうでしょうか。

2節　彼女はまたその弟アベルを産んだ。アベルは羊を飼う者となり、カインは土を耕す者となった。

――弟アベルの名前――

アベルという名前には語源がなく、何の説明もされません。聖書において名前はとても大切です。その意味が神の業を示したり、親の体験を示したりします。

アベルの名前について何も言わないのは、なぜでしょうか。

アベルは「息」という意味のヘブライ語の言葉（hebel）と同じ音の調和を持っています（フォン・ラート『創世記』）。中世の解釈者は、おそらくユダヤ人共同体の師たちから教えられて、アベルという名前に「哀惜」という意味を与えました。聖書には何も書かれていませんが、この名前には負の響きがあります。

アウグスティヌス

「人類は2つの民に分けられる。人間を中心として生活する人々と、神を中心として生きる人々である。霊的な意味でこれらを2つの町と呼ぶことができる。2人の元祖から初めにカインが生まれた。彼は人間中心の町に属している。それから神の町に属するアベルが生まれた。まずこの世の市民権を持つものが生まれ、その後この世の巡礼者であり、神の町に属する者が生まれた。アベルは恩寵によって見いだされ、恩寵によって選ばれ、恩寵によってこの世の巡礼者となり、恩寵によって天の民になった」。

ベダ

「アベルは『哀惜』、または『哀れな者』を意味する。なぜなら、選ばれた人々の真の命は後の生命だからである。確実にそれに達するように、人々はこの世の人生の中で日々死の危険にさらされ、屠られる羊のように扱われている」（詩編44・23「我らはあなたゆえに、絶えることなく／殺される者となり／屠るための羊と見なされています。」）。

ルペルト

「アベルは正しい人の系列の最初の人である。アベルは『哀惜』という意味である。この名は実に彼にふさわしい。親の最初の哀惜になったからだけではなく、『悲しむ人々は、幸いである、その人たちは慰められる』（マトフェイ5・4）が示す初めの人だからである」。

――カインとアベル――

アベル。この名前は話の続きを知らない人にも寂しい感じを与えます。２人の兄弟の違いがすでに感じ取られます。そして、彼らの仕事によってさらに違いが現れます。

しかし聖書では、仕事の違いを言う前に、アベルをカインの弟と言います。わざわざそう言う必要はないにもかかわらず。「またアベルを産んだ」とだけ書かれていても、カインの弟だとわかります。「弟」と書かれているのは理由があるのでしょう。師父たちが言うように「聖書には不必要なものはない」のですから。

聖書は２人の違いを言う前に、兄弟であること、つまり２人の密接なつながりを表現しています。アベルはカインの弟ですが、カインは彼をむしろ突き放したいと思っています。「お前の弟アベルは、どこにいるのか」と尋ねる神に、カインは「私は弟の番人でしょうか」と答えるほどです。

カインは決して自分の兄弟であるアベルから解放されることはありません。同じく私たち一人ひとりは、最後の審判の日まで、自分の隣人から解放されることは決してないでしょう。その時、私たちが隣人として認めたくなかった人について神が尋ねるその時まで、決して隣人から解放されることはないでしょう。

ほかの意味においてもアベルはカインの兄弟であることが示されているかもしれません。２人は切り離せません。２人とも私たちの内に宿っているからです。

「カイン」として生まれる人は誰もいませんが、後にそうなるのでしょう。反対に、私たちは生まれながらにアベルです。こう書かれているように。

「人は息のごとく、その日々は薄れゆく影」（詩編144・４／「人間は息にも似たもの／彼の日々は消え去る影。」）。

まずカインが、そしてアベルが生まれました。聖書において後にやって来る者はより大きく基本的な存在です。

イイスは洗礼者イオアンより後に来て（マルコ1・7）、ヤコブはエサウの後で体内から出てきて（創世記25・25―26）、教会のイメージであるエバはアダムの後に創られました（創世記2・22―23）。

全被造物にとって神からいただいている「存在」は、「非存在」ほど根源的なものではありません。存在をいただいた被造物の中に非存在が宿り続けています。そのためにこう書かれています。「神は存在しないものを選んだ、存在する者が無になるように（ギリシャ語聖書の直訳）」「また、神は地位のある者を無力なものとするため、世の無に等しい者、身分の卑しい者や見下げられている者を選ばれたのです（新共同訳）」（コリント一1・28）。

神だけが本質的な存在を持っています。創られたすべてのものは、神からそれをいただいているので、神の中に自分の存在の基礎を置いています。被造物の存在は根源的な非存在の上に置かれていますが、非存在は基礎としての性質を持っていません。言い換えるなら、神の上に存在しているのです。

自分を自覚する人間はどうしても、まず自分が存在し、何者かであって、何かができると思ってしまいます。それは間違いではありません。しかしかなり後で、自分の根源である非存在（無）を発見します、つまりアベルを。自分の無を知ると、人は自分を知り、神を知ることになります。

アベルが誰であるか、カインが誰であるか、私たちはまだ知りません。彼らの輪郭はまだ見えてきません。2人が私たち一人ひとりの内に宿っているのなら、私たちはアベルが自分の弱い部分だと思うでしょう。そう思うのは間違いではありませんが、まだ真実から遠いところにいるでしょう。アベルは実は弱くはありません。強くもありません。まったく別の次元に属しているのです。どういう次元でしょうか。

福音書は私たちの理解を助けてくれます。たとえばベタニアの家ではアベルとカインの姿が見えるような気がします。

――福音の中のアベルとカインの輪郭――

ベタニアはエルサレムから歩いて1時間ほどの小さな村で、その名は「貧しい人の家」を意味します。そこにはイイススと親しくする家族が住んでいました。福音書にはラザロ、その姉妹のマルタ、マリアという3人の名があります。主はエルサレムに行くと、たびたびベタニアの家へ寄りました。

ある日、イイススが弟子たちとベタニアへ行くと、家は人と喜びでいっぱいになりました。マルタは立派な主婦として客を迎えるために忙しく働きました。マリアは主イイススの足元に座り、彼の言葉に耳を傾けていました。

ルカ10・38―42はこう言います。

「一行が歩いて行くうち、イエスはある村にお入りになった。すると、マルタという女が、イエスを家に迎え入れた。彼女にはマリアという姉妹がいた。マリアは主の足もとに座って、その話に聞き入っていた。マルタは、いろいろのもてなしのためせわしなく立ち働いていたが、そばに近寄って言った。『主よ、わたしの姉妹はわたしだけにもてなしをさせていますが、何ともお思いになりませんか。手伝ってくれるようにおっしゃってください。』主はお答えになった。『マルタ、マルタ、あなたは多くのことに思い悩み、心を乱している。しかし必要なことはただ一つだけである。マリアは良い方を選んだ。それを取り上げてはならない。』」

マルタがつまずいたのは、足元に座って聴いている妹にではなく、むしろそれを当然のこととして受けとめた主イイススに対してでした。

マルタにとって妹マリアとは、つらい仕事を人に任せて自分は楽なことを選ぶ自分勝手な人間で、マルタは時々、愚痴をこぼしていました。しかし主はマリアの態度を咎めるどころか、喜んで受けとめているようでした。それはマルタにとって耐え難いことでした。彼女はマリアではなく、妹を叱らない主を非難しました。

マルタはもちろんカインとアベルの話を知っていましたが、その時マリアに対してカインの役を演じているとは思いもよりませんでした。

マルタの中にはカインが見え隠れします。主の妹への視線に違和感を覚え、いらいらします。嫉妬もあったでしょうが、他にもいろいろあったのでしょう。マリアを評価するイイススの目に、自分の常識を覆すものを感じました。マルタは姉として家の責任を負っていたため勤勉さと能率を重視し、家事の采配を振っていました。主の足元にいるマリアは、マルタの価値観からも支配からも完全に逃れていました。

イイススは「マルタ、マルタ」と2度彼女の名を呼び、優しく叱りました。しかし、恐ろしいことを言ったのです。「必要なことはただ一つだけである。マリアは良い方を選んだ。それを取り上げてはならない」。

この「唯一必要なもの」とは何でしょうか。そしてなぜ恐ろしいのでしょうか。唯一必要なこととは主の足元で彼の言葉を聴くことでしょうか。そうだとも、そうではないとも言えます。なぜなら、もしマルタが「それでは私も良い方を選びます」と言って主の足元に座っていたら、皆、主を含めて困ったでしょう。マルタの作るおいしい料理を待っていたのですから。

―― 唯一必要なもの ――

この「唯一必要なもの」とはいったい何でしょうか。疑いの余地なく、イイススが来ていてそこに居るということです。マルタがイイススが居ることを喜んで、仕事を重荷に感じず、ただ「主が来た」ことで満たされて、宙を舞うように給仕していたなら、マリアと同じく唯一必要なことを選んだことになったでしょう。たとえ給仕を重荷に感じたにしても、忠実にかつ平和に行ったなら、誰にも奪われることのない唯一必要なことを選んだことになったにちがいありません。

いったい誰がマルタからイイススの訪問の真実と、家を喜びで満たす主の存在を奪い取ることができたでしょうか。世界中のどんな力も彼女からこの唯一必要なものを奪うことはできません。

マルタが主の足元で彼の言葉を耳にすることができなかったのは、あまり重要なことではありません。主の基本的な言葉とは、その存在自体です。たとえ沈黙の中であっても。イイススの言葉を全部聞いていたマリアでさえ、一部しかわからなかったでしょう。彼女は主の言葉一つ一つが持つ意味を考えるより、ただ主を見ていました。それで満ち足りていたのです。

マルタとマリアには何の差もなかったでしょう。性格や役割の違いはあっても、唯一必要なものに結ばれて一つになっていたでしょう。イイススは、カインの世界がその家を支配しないように、マリアを守りながらマルタをも守っています。

ベタニアの家は、主が訪れたすべての家のイコン（かたどり）になるように選ばれたのではないかと思えてなりません。

その後ラザロが死に、主が遅れて葬式に行った時のことです。当時の葬式は何日間も続いていたようで、主が到着したのは4日後だったのにもかかわらず、まだ多くの人がいました。主が墓の蓋を取らせて「ラザロ」と呼ぶと、ラザロが生き返り出てきました。その直前、やって来たイイススを迎えたマルタは、「はい、主よ、あなたが世に来られるはずの神の子、メシアであるとわたしは信じております」（イオアン11・27）と言いました。ここからマルタは、以前、優しく叱られたことによって唯一必要なことを理解したことがわかるでしょう。

ラザロがよみがえった後しばらくして、ベタニアの家では祝いの席が設けられ、イイススも弟子と共にやって来ました。

今回（イオアン12・1―11）、マルタについては「給仕をしていた」としか書かれていません。ラザロは主と共に食卓にいる人々の中にいました。マルタとラザロはイイススが居ることを喜んで、彼さえ居れば他に必要なものはないと思っていました。

外見上、彼らには何一つ特別な様子はありませんでした。それぞれが自分の立場にふさわしい行動をしていました。しかし内面において彼らは主の存在によって生きていて、喜びと平和の内にいました。彼らは唯一必要なことを選んでいたので、自分の内で一つになると共に全宇宙と一つになっていました。神はおひとりであり、人はこの唯一性で生きるべきでしょう。唯一必要なことを選ぶことこそ、まさに神は唯一神であることを実践することでしょう。これは第一の戒めです。

一方、マリアは奉仕ともてなしの義務に縛られていなかったので、やはり特別なことをしました。純粋なナルドの香油の瓶を持ってきたのです。

ナルドはヒマラヤの標高２０００メートルから５０００メートルの地点に生える植物で、その根から香水のエッセンスが取れます。油に混ぜれば長く香りが保たれます。マリアが持ってきた瓶には330グラムの純粋なナルドの香油が入っていて、それは1年間の収入に当たる300デナリオンの価値がありました。遠くアジアより来たキャラバンから買った貴重なもので、特別な時のために保管しておいた家族の宝でした。

マリアはナルドの香油をイイススの足に注いで塗りました。それから自分の長い髪の毛を解き、それで主の足をふきました。

昔の女性にとって誇りだった長い髪の毛は普段うなじで束ねておくもので、人前で解いてはいけませんでした。家の中で女性同士、または夫の前でだけ許されることでした。

マリアが感情的で、時と場所をわきまえられない性格だったことは知られていましたが、それはひどすぎる行いでした。貴重な香油を無駄遣いした上に、不適切で見苦しい振る舞いをしたのです。

しかしマリアは主イイススがいることに満たされていて、他のことは何も思っていなかったのです。自然体のままそうしていました。また主も、自然なこととしてその振る舞いを喜んで受けとめているようでした。主の態度は間違いなく皆をいらだたせたと思います。皆のいらだちはマリアに向けられましたが、イイススにも密かに、より多く向けられました。イオアン福音書にはユダだけが不平を言ったかのように書かれていますが、実際は皆を代表していたのでしょう。マトフェイ（26・8「弟子たちはこれを見て、憤慨して言った。『なぜ、こんな無駄遣いをするのか。』」）は同じ場面で弟子全員が怒ったと書き、マルコ（14・4「そこにいた人の何人かが、憤慨して互いに言った。『なぜ、こんなに香油を無駄遣いしたのか。』」）は居合わせた人は皆いらだったと書いています。

その場に居合わせた人は、ラザロとマルタを除いて、誰もマリアの振る舞いを理解できませんでした。愛を示すマリアのこの行為はとても人目を引くものでしたが、神にとっては奉仕するマルタや、席についているラザロの平凡さの中に隠れていた愛も同じ価値を持っていたのかもしれません。しかし同じ愛でも、皆の神経を逆なでする方法でマリアがそれを表したことは、預言的な行為であったと言えるでしょう。

――カインとは誰で、アベルとは誰か――

福音書や私たちの人生の出来事は様々な角度から読むことができます。よってベタニアの家について思い巡らせてきたことも、その豊かさのごく一部にすぎません。しかし私たちにはそれで十分です。説明はありませんが、「息」という言葉に似た名を持つアベルの輪郭と、「得た（カニーティ）」という動詞に由来する名のカインの姿について知りたかっただけですから。

カインはわかりやすい存在です。彼の宗教心とそこから生じる生き方はどの国の人々にとっても一般的なものです。一般的ですが、自然なもの、つまり本来のものではありません。カインはよく計算して、与え、受け取ります。神へ与え、神から受け取り、人へ与え、人から受け取ります。

お返しを期待して与えるわけではないかもしれません。しかしお返しが前提となっている世界の中にとどまっています。彼の視線は単純ではなく、神を見ながら自分や他人を見ています。この複雑な視線のためにつまずきの石にぶつかるのです。

神は私たちにとってつまずきの石になりますが、実のところ、私たちは神につまずくのではなく、私たちが「得た」場の境界を示す石につまずくのです。私たちは「得た」この場に、カインと共に住んでいるのでしょう。

アベルはもっとわかりにくいと思います。アベルは神の到来をしめすあの微風（そよ風）に似ています。エリアはその微風を感じた途端、顔を覆って洞穴から出てきました（列王記上19・11—13）。

アベルは唯一の神の前で一つになっています。その視線は単純で神だけを見ます。神は彼に応えます。お返しをするのではなく、彼に顔を向けることによって応えます。カインはこの神の眼差しを得たいのですが、かないません。買ったり、何かをして得られるものではないのです。

アベルは得たいとは思いません。神の前の息にすぎないのですから。

師父はアベルの中に福音のエッセンスが現れているとみなしました。アウグスティヌスにとってアベルはハリストス（キリスト）が王である神の国に属する者たちのシンボルです。また、マトフェイ5・3に「心の貧しい人々は、幸いである」と書かれている人々の最初の姿であり（ルペルト）、詩編44・23にある、「毎日神のために屠られる羊のように殺される人々」の最初の人である（ベダ）とされています。

―― また福音を訪ねて ――

師父に誘われて、もう少し福音書にアベルとカインを探してみたいと思います。というのも、40年前に長野県の高森にある押田成人《しげと》神父（1922~2003）の共同体を訪れて、初めて山菜摘みをした時のことを思い出したからです。山の植物は全部同じに見えていたのですが、いくつかの山菜の形を覚えると次から次へと見つかり、こんなにあるのかと驚きました。

同じように、福音書を思い出すだけで次から次へとカインとアベルの顔が現れてきたことに驚きました。

ぶどう畑で一日中暑さに耐えながら働いた労働者の姿にカインが現れてきました。彼らは、一番涼しい最後の1時間だけ働いた労働者たちにも自分たちと同じ日当が払われたのを見て、雇い主につまずき、腹を立てました（マトフェイ20・1―16）。

ぶどう畑の主人は彼らに言いました。「自分のものを自分のしたいようにしては、いけないか。それとも、私が気前がいいのでお前の目が嫉妬を持つようになったのか」。

「私は良い」という表現を「私は神」に替えてもいいと思います。「神だけが良い」とイイススは言うからです（マルコ10・18）。一日中働いた労働者が、カインのように神につまずきました。

カインもいればアベルもいます。ここでは最後の1時間だけ働いた労働者はアベルです。彼らには何一つ誇るものはありません。貴重な香油を捧げたマリアにはあると思われる良いところはありません。1時間しか働かなかった人は、主人の前でも、一日中働いた仲間の前でも、無に等しいただの息にすぎません。

与えること、それは主人の喜びです。それは神の喜びです。すべての人がこの神の喜びに入るように誘われます（詩編32・11「神に従う人よ、主によって喜び躍れ。すべて心の正しい人よ、喜びの声をあげよ。」）。しかし神につまずく人はその喜びの中に入ることができず、外にとどまります。

放蕩息子のたとえの中に同じことが見られます（ルカ15・11―32）。

家を出た息子が放蕩の末、裸足のままでぼろぼろになって帰ってきました。彼は、何とか下働きとして雇ってもらおうと用意した科白《せりふ》以外には何も持っていませんでした。しかし父親はその科白すら言わせなかったので、「息」を切らせた彼は父親の前でも皆の前でも無に等しく、「息」にすぎませんでした。いいえ、「息」ではありません。父にとってはやっと見つけた愛する息子でした。彼には誇れるところが全くありませんでした。しかし何も持たず、誇れるものもないまま、父親の喜びに入りました。ところが兄（カイン）は、父が放蕩息子のために設けた宴会にも、その喜びにも入るのを拒否します。つまずいて外にとどまりました。自分の誇りや苦労につまずきました。

キリスト教とは神の喜びに入ることです。神の喜びに入るとは、神が良い方で、皆を愛する方であることを喜ぶことです。また、私たちが愛せない人や許せない人をも愛し救う神を喜ぶことです。

誇るところがないという点が浮かび上がってきました。このことがアベルの姿に何か大切なことを加えているように思えます。主のために特別なことをしたベタニアのマリアにも誇るところはありませんでした。彼女にとって唯一大切なことは主がいることでした。逆に誇るところがあることがつまずきのきっかけになります。

「私につまずかない人は幸いである」（ルカ７・23）と主は言います。

ルカ19・１―10にはザアカイのエピソードがあります。彼はユダヤ地方に滞在するローマ軍のために、エリコという町で税金を徴収していました。不正をはたらいて金持ちとなった評判の悪い男で、ユダヤ民族の裏切り者として軽蔑され憎まれていました。

イイススがエルサレムへ向かう途中にエリコを通った時、ザアカイは主の評判に心惹かれ、見てみたいと強く思いました。背が低かったので道沿いにある木の上に登って主が来るのを待っていると、その木の下を通った主が顔を上げてザアカイを見ました。皆に見下げられることに慣れていたこの男をイイススが見上げたのです。そして、自らザアカイの家の客になろうと言いました。

ザアカイは喜び勇んで木から降り、イイススを自分の家に迎えました。それから主の前に立ち、自分の富の半分を貧しい人に分け、不正に奪っていた税を4倍にして返すと言いました。

主がいることでザアカイは最高に幸せになり、他のことはすべて二の次になりました。

第一印象では、ザアカイはアベルと似ていません。たいそう金持ちで、強く、人々に軽蔑され憎まれることによって頑なになっていました。ところがアベルになりました。カインの存在がその変化を証明しています。エリコの「良い住民」たちが神につまずいたからです。預言者らしい人が町の最も頑なな罪人のところへ行ったことにつまずきました。

このつまずきがカインがいる証拠です。

４つの福音書の中からもっとカインとアベルの姿を探してもいいですが、ここでやめておきます。

――まとめ――

神が不当な方法で被造物を愛すると感じてつまずくのがカインであり、カインに似た人です。神はなぜこんなに不公平なのかと怒りをおぼえます。

実際、神は良い人にも悪い人にも雨を降らせ、太陽を昇らせます。この気前のよさが不当で不公平だと感じられるのです。

つまずきの根には善悪についての人の判断があるように思われます。

神はこの人間の判断を考慮せず、無視し、踏みつけ、嘲笑《あざわら》うかのようです。人間にとっては腹立たしいことです。人間には自分の判断があります。それに基づき自分の世界、家、国を形作ります。自分が「良い」「正しい」と思うイメージに沿って作ろうとします。人を教育し、導きたいのです。自分の判断に合わない人がいるだけでいらだちます。

アダムたちが善悪の木の実を食べたことでその判断がゆがみ、神のイメージもゆがんでしまいました。

イイススがやって来て神の国を宣教し始めると、彼は人間の基準と判断に基づいた世界を無視するかのようでした。人には神の自由が勝手であるかのように思え、その平等が不平等に見えます。創世記49・9にある「ユダの獅子《しし》」のように主イイススは来ます。ヤコブは、ユダは獅子の子、彼は入って好きなところに座り……誰が彼に場所をゆずれと言うことができようか、とわが子ユダを祝福します。「ユダの獅子」はメシアの名前の一つです。

カインはハリストスにつまずきます。ハリストスは皆を愛していると言われますが、「遠い人」を「近い人」より、「滅びの人」を「正しい人」より、「泥棒」を「判事」より愛しているように見えます。

実際はそうではありません。ただ場合によって「近い人」は「遠い人」より遠く、「正しい人」は「滅びの人」より滅び、「判事」は「泥棒」より盗むことがあります。神は皆を平等に愛しますが、一人一人違う形で愛するのです。ただそれだけを示すために、これほど極端なことを言わざるをえません。

神は人の存在を喜び、創造主であるご自分の前に立つ彼の姿を愛します。息子として神を信頼していることを喜び、回心して戻る彼を待っています。絶えず心をご自分に向ける人にご自分を全部与え、その望みのままにします。人は神の喜びに入るように誘われています。しかし、カインたちは入りたくありません。自分のライバルが神と良い関係を結ぶことを喜べません。カインの世界は別の判断と別の喜びに基づいています。その世界には多くのライバルがいますが、最大のライバルは神です。

アベルは正反対です。神の前にいるだけで満足します。神が神であること、つまり神が良い方で、慈悲深い方であることに喜びます。主の喜びに入り、ユカリスティーア（感謝の祭儀）をする人です。自分が弱かったり、罪人であったり、取るに足らない人間だと感じたり、理解されずに無視されることがあって苦しんだとしても、その苦しみは自分の意識の中心にはありません。中心にあるのは神の存在です。神の存在が彼の視野を満たしています。人間には神の存在を感じる器官はありませんが、神が自らの存在を感じさせることがあります。一度でもその存在を感じたなら、人は一生探し続けます。神へ目を向ける人を、神は見て愛します。愛はいつも相互的です。アベルは自分に閉じこもることなく、自分のことにつまずかず、自分の住まいにいるかのように主の内にいます。

アベルは必ずしも弱くはなく、罪のないものでも被害者でもありません。しかし、俗世界では理解されない者であるのは確かです。

彼を理解できるのは兄弟姉妹の集いだけでしょう。

詩編44・23は「あなたのために私たちは毎日殺され、屠られる羊の群れのように扱われている」と詠います。これは神の民（イスラエル～教会）の苦しい試練を物語ると同時にアベルたちについて語ったものです。ヘブライ人の手紙11・1—38もアベルと似た者たちを語ります。長いので38節の後半を引用します。「……世は彼らにふさわしくなかったのです」。アベルのおかげで俗世界と神の民の相反する面を思い巡らすことができます。

アベルの世界がカインの世界と仲良くしてはいけないように、神の民も「この世」と仲の良いものとなってはいけません。理由は簡単です。アベルにはライバルはいません。強いからではなく、神のものだからです。そして神には敵はいません。しかし、カインと彼が象徴するこの世にとっては、アベルにライバルがいないことこそが恐ろしいのです。理解できない力を感じるがゆえに彼に勝てないと悟ります。カインがなきものにしたい力はハリストス（キリスト）の力です。第一の到来におけるハリストスの力も、全宇宙を一つに集めるために屠られた子羊の姿でやって来る第二の到来（黙示録5・12—14）におけるハリストスの力もなきものにしたいのです。唯一必要なものを選んだアベルが恐ろしいのです。

創世記の始まりを思い出します。「初めに、神は天地を創造された。地は混沌《こんとん》（空）であって……」、アベルは創造された世界の本来の姿を表します。満たされるために神の前にいる本来の人間です。

私たちの問題は、どうすれば本来の人間のようになれるかということでしょう。自分の力ではできないことです。しかしハリストスは、神が目指した本来の人間の姿を啓示してくれました。それこそが聖書の目的であり、私たちの目的です。イイスス・ハリストス（イエス・キリスト）のようになることです。

長々と書きましたが、アウグスティヌスやベダ、他の師父たちが書いたことに何も加えてはいません。ただ掘り出してみただけです。

――アベルは羊を飼い、カインは土を耕していました――

師父の話の中には、二人の仕事の違いについての解説はほとんど見つかりませんが、イスラエルの伝統には少しあります。

ラーシ

「地が呪われていたのでアベルはその仕事に就くのを避けた」。

他にアベルは一人でいられる仕事を選んだともあります。また、カインは重要な仕事をしながら、自然を拝み、土地を所有し、労働者から搾取することが可能な仕事を選んだともあります。

遊牧民だったイスラエルの民がエジプトを出てカナンの地へ入った時、唯一の神への礼拝と信仰をもたらしましたが、農民だったその地の人々が行っていた偶像崇拝、つまり地と豊饒性への崇拝との間に多くの問題が生じました。農業よりも羊を飼う仕事の方がイスラエルの起源と祖先の生活スタイルにより近いものでした。

ともかく羊飼いであれ農民であれ仕事は大切です。人が働くことは神のみこころですから。しかし仕事の選択も大事な事柄です。人は時にエネルギーを消耗させてしまう仕事に圧迫され、バランスを崩したりします。その時、単純な仕事に就くことによって解放されることがあります。このようなケースをよく見てきましたし、私自身も経験しました。

3節　時を経て（しばらくして）、カインは土の実りを主のもとに献げ物として持って来た。
4節　アベルは羊の群れの中から肥えた初子（とその脂『Vulgata』）を持って来た。主はアベルとその捧げ物に目を留められたが、
5節　カインとその献げ物には目を留められなかった。カインは激しく怒って顔を伏せた。

――過越の日――

「しばらくして」。ヨナターンのタルグームは、その「しばらく」という時間をニーサンの月の14日だと特定します。それはイスラエルの過越の祭りの日です。

なぜタルグームは原文に根拠がないことを言うのでしょうか。「しばらくして」とは「ある時」が過ぎてからという以外に多くを語りません。「ある時」とは計りにくい時間ですが、偶然ではなく、必要な時間を言っているように思えます。何をするかによって異なってきます。たとえば紅茶を入れるならお湯を注ぐだけではなく、「しばらくすると」茶葉を取り除かねばなりません。紅茶の種類によって数秒後だったり、数分必要だったりします。その時間は紅茶の本質の中に含まれていて、紅茶を入れる人はそれを知っています。

カインとアベルの場合も、二人の関係に潜む問題が熟すまでに「ある時間」が必要でした。

私はタルグームのこの解釈にとても刺激を受けました。イイススはこの熟す時間を「私の時」と呼びます。主イイススがイスラエルに拒否された時は「主の時」でした。ご自分を現した神とそれに対する人間の答えの間に潜む問題が、人間の拒否として実りました。拒否の時こそが神の啓示の時であり、そして「**時を経て**」復活の時となります。イイススの時は、まさに皇帝ティベリウスの治世のある年の14日のニーサンでした。永遠から存在する神の計画は時間の中で熟していくものです。

私たちの人生の中には多くの「ある時」があります。その中で私たちの個人的な物語に潜む問題が熟します。その時がやって来ると苦痛を感じることがあります。しかし自分を知るようになる貴重な時です。自分を知れば、苦しい時でも安らかな心で立ち向かえるようになります。仮にわからないことが多く残っていたにしても。この時にはいつも越えなければならない関所とある犠牲があります。私たちの14日のニーサンです。私たちの過越、人生の節目に新たな形で繰り返される私たちのパスハです。

――神への捧げ物の普遍性――

カインとアベルの宗教行為はどの宗教にも属しませんが、すべての宗教を表しています。どの宗教、どの啓示にも先立つものです。しかし原始的ではありません。基本的、普遍的なものです。

神の存在を意識する人にとって、自分の労働における初物《はつもの》を神に献げることはとても自然なことです。カインもアベルも神の前で生活していました。すべてがあの方から来て、あの方なしでは仕事の実りを期待できないと知っていました。

地を耕すにしろ、他の仕事をするにしろ、ある原因を置くことによってある結果が生じます。このようにして生活が可能になります。複雑な因果関係の中、天候や季節の不安定などいろいろな要因が思いがけない影響を及ぼします。

働く人はそのことをよく知っています。

聖書の中では、人間の仕事における知識や経験、要因などが第二の原因として位置づけられています。第一の原因は神です。大自然のエネルギー、太陽や雨などが元のエネルギーの存在を示します。元のエネルギー自体は見えませんが、第二の原因の中で見えるようになります。この考え方は聖書だけではなく、古代においても普遍的なものでした。

聖書は神の存在を啓示しません。その存在は自然によって示され、すでに明らかになっている事柄としてとらえます。「天は神の栄光を物語り、大空は御手《みて》の業《わざ》を示す。昼は昼に語り伝え、夜は夜に知識を送る」（詩編19・2―3）。

カインとアベルの物語は、神の前に自分の仕事の実りを持っていくという宗教的な行動で始まります。

今までは二人の名前を思い巡らせながら、それぞれの人格の独自性を思い、福音のエピソードを通じて各々の魂の輪郭を追い求めてきました。

今、彼らの物語の始まりに戻ります。彼らの宗教的な行為は美しく、多くの意味をはらんでいます。まず、その汗によって彼らの仕事が実りました。すべてが神から来て、すべてを神に返すという意味があります。命は神から来て神に戻ることも意味しています。したがって人間も神から神へと動きます。

ここで、ミルチャ・エリアーデ（Mircea Eliade, 1907~1986）の本『信心と宗教の歴史』の前書きから一部を引用します。ミルチャは、その道の大家として、聖なるものの発見と宗教は人格を成すためになくてはならない基本的な要素だと断言します。

「宗教の歴史家にとって大切なことは、すべての神聖な表現、宗教的振る舞いである。あらゆる儀式、神話、信心、神のイメージは聖なるものの体験を反射するので、絶対的存在や意味、真理を含んでいる。世の中に絶対的存在が『有る』という認識なくして、どのように人間の精神は機能することができるだろうか。自分の本能や体験に意味を与えることなく自己認識が生まれてくるとは想像しがたい。聖なるものを発見することと、実際に存在していて意味を与えられた世界を認識することの間には、密接な関係がある。神聖さを体験することによって、人間は、実体があり、豊かで意味のあるものと、次のような質を欠いたものとの違いを確認する。それは物事のあやうく混沌とした流れであり、偶然に現れては消える意味のないものである。神聖なものは自己意識の構造の１つの要素であり、決して意識の発展の１つの段階ではない」。

カインとアベルの物語の中では、絶対的存在と意味に基づく宗教的行為が共に行われ、それは残念ながら失敗に終わりました。

しかしこの失敗もそれ自体が意味を持っています。まず、神の啓示の必要性を意味しています。啓示はアブラハムの呼びかけで始まります（創世記12章）。また、啓示が可能であることも意味します。なぜなら、人間の失敗により宗教的行為の基本である「絶対的存在」「意味」「真理」が破壊されたわけではありませんから。

キリスト教の伝統では、健全な考え方をするならば、東方においても西方においても、創造された世界によって絶対的存在の真理が示されていると常に考えられてきました。この考えをユダヤ人の賢者バヒーヤ・イバン・パクダ（Bahya Ibn Paquda, 1050~1120）の簡潔な言葉で表したいと思います。彼は1000年ほど前にコルドバで『心の務め』（Hovot HaLev）というすばらしい本をアラビア語で書きました。ユダヤ教徒、イスラム教徒、キリスト教徒にも愛されたこの本を、後に紹介することがあるかもしれません。

バヒーア・イバン・パクダ

「世界は偶然によってできたもので、その元に創造主はいないと主張した人がいる。健全な頭を持ちながらこのような考えを生み出す人がいるとは驚きの極みである。仮にある人が手稿を持って来たとする。その書き物を成している字がペンによって書かれたことを私たちは知っている。しかしその人がインクがこぼれてこの書き物になったと言い張るならば、即座に彼は嘘つき呼ばわりされるだろう。意図や意思がないこと、全能の知恵とすべてをつかさどる霊が存在しないことを、どうして私たちは真面目に受け取ることができるだろうか」（『心の務め Hovot HaLev』第一回廊「神の唯一性」）。

――捧げ物の違い――

カインは地の実りを神に献げました。アベルは羊の群れの中で最初に生まれた小羊とその油を献げました。イスラエルの先生たちは献げ物についての記述の違いに気付きました。カインのものには「地の実り」としか書かれていないのに対して、アベルのものには「初～」と「その脂」という質の良さを表す言葉があることに目を留めたのです。

農業にも初物はあります。例えばかつていちごが春だけのものだった頃、初物のいちごは大切な人へのとてもよい贈り物でした。

カインの献げ物には「初～」という言葉がありません。

こうしてカインは地の実りの出来の悪いものを献げ、アベルは羊の群れの中で最高のものを献げたという考えがイスラエルの先生たちから教会の師父たちへと伝わっていきました。

――神の心にかなう者――

しかし師父は献げ物の違いをあまり強調しません。むしろ献げる人の心の違いに目を向けます。献げ物の質にこだわると、アベルがうまく神の好意を得たと思われてしまう可能性があるからです。すると神の愛は恩寵ではなくなります。

ナルサイ（4世紀のシリアの師父）
「主なる神は心の清いアベルの供物を愛を持って受け入れたが、真心のこもらないカインのものは拒んだ。創造主は火を使ってアベルの供物を示し、彼のものを火で燃やし、カインのものには近づきもしなかった」。

ベダ
「主が『これは私の愛する子、私の心にかなう者……』（マトフェイ17・5）と言う時はアベルの方を見ている」。

ルペルト

「神の御一人子の最初の証人（殉教者）であるアベルは、羊の群れの中で最初に生まれた子を心からの供物として神に献げた。それを神の愛する御一人子の受難における信仰のためにした。アベルの供物は御子イイススの十字架上の献げ物の予象（前表）である。使徒パウロもやはりこう言う。『信仰ゆえにアベルはカインの供物に勝るものを神に献げた』（ヘブライ11・4）。勝るとは『信仰ゆえに』である。なぜなら、宗教行事と儀式に関して言えば二人の献げ物は同じ価値を持っていたからである。しかしカインは神に自分のものを献げながら、自らのために自分自身をとっておいた。それに対してアベルはまず自分を献げた後、自分のものを献げ、よって信仰ゆえに勝る供物をした」。

『アベルは自分の群れの初物とその脂を献げた』とある。つまり私たちの司祭であるイイスス・ハリストスによって成立した真の献げ物は、パンとぶどう酒の外見をとっているが、実は神の小羊である。主は天の囲いと天国の牧場の羊の中で最初に生まれた方である……そしてこのパンとぶどう酒の真の献げ物は肉と血のみならず、霊と命でもある。パンとぶどう酒には真の人間になった神の言葉とその神性がある。それゆえ『永遠の命のパンであり、救いのカリス』（ローマ教会のミサのカノン）であると信じる。それこそが羊の脂である」。

「『見なかった』、なぜなら献げる者が認められる者ではなかったので、彼の献げ物もそうだった。『わたしはお前の家から雄牛を取らず、囲いの中から雄山羊を取ることもしない。』」（詩編50・9）

ラテン語の聖書（Vulgata）は神がアベルを「見た」（respexit）と言う時も、カインを見なかった（non respexit）と言う時にも同じ動詞を使います。70人訳ギリシャ語聖書では異なる動詞が使われ、アベルには「……の方を見ていた」、カインには「近づかなかった」または「目をそむけた」とあります。

このように「……の方を見る」は「近づく」ことに通じ、「近づかない」は「見ない」という意味を含んでいます。おそらくそのためにシリアとギリシャの伝統では、「見る」だけではなく、火がアベルの献げ物を燃やし尽くしたイメージがあるのに対して、カインの献げ物には火が近づかなかったというイメージがあります。火はすばらしいイメージです。神の視線は温め、照らし、燃やし尽くす（自分と同じものにする）火です。

ルターはルペルトの読み方に沿います。

「カインの献げ物が気に入られなかったのは、カインが気に入られなかったからである。アベルのものが喜ばれたのは、アベルが神に喜ばれたからである。そして喜ばれたのは信仰ゆえだった。自分の「ふさわしさ」にも、自分の献げ物の良さにも、自分の行いにも頼ることなく、「女の種」に関する約束だけを頼りにしたからである」（ルター『創世記』３・15）。

カルヴィン

「カインは間違いなく偽善者のような振る舞いをしただろう。外面的な献げ物で神の好意を得ようとしたが、神に自分のすべてを渡すことをしなかった。しかし真の献げ物は神に霊的な贈り物をすることに尽きる」。

―― 視線 ――

神に気に入られること。神はアベルを見ながらご自分の心にかなう御一人子を見ていたと、ベダは言います。御一人子に似ること、つまり神の心にかなうものと見られること、それが私たちの人生における唯一の課題です。人生のさまざまな問題をこの一つの課題に絞ること。これは神の唯一性に従うことであり、「聴きなさい、イスラエルよ、主なる我々の神は唯一の神です。心を込めて、魂を込めて、すべての力を込めてあなたは主なる神を愛しなさい」という言葉に従うことで、さらには「自分のように隣人を愛しなさい」という第二の戒めを実行することとでしょう。

好かれること、愛されること、喜びと共感で見つめられること、それらを望まない人はいません。生きるものにとって命にかかわることです。自分の上に注がれるこの視線を感じない人は死ぬかのような気がします。私たちには誰に対してもこの視線を返す務めがあります。神からいただいている視線を映し返すために。そのためには気に入る人と気に入らない人を区別しないことを学ばねばなりません。

普段私たちの視線は精神の浅いところから出るので、共感と反感という波があり、熱いものと冷たいものが隣り合っています。

しかし人には深いところがあります。そこはあまり波がなく、安定した温度で、信仰が根を下ろしています。そこから私たちの視線を出発させせねばなりません。

このような人にはめったに会えません。ある時、私はその一人、ドミニク・ヴォワヨーム（Dominique Voillome）と知り合いました。

――パリ第16区のある小道での話――

ドミニクと親交があったのは、私が日本に来る前、１９７０年から１９７１年にかけてパリに住んでいた時期のほんの数か月のことです。彼の兄レネ（René）はカトリックの司祭で、「イエススの小さい兄弟」と私が属していた「福音の小さい兄弟」という修道会の創立者でした。

ドミニクは司祭になることを望まず、また、喘息のため他の兄弟のように社会の底辺で生きる人と共に働くことができなかったので、何年かの間は見習い修道僧の修練長を務め、修道志願者が多かったその頃、多くの兄弟を養成しました。

いつその務めを終えたのかはわかりませんが、私が１９７０年9月にパリへ行った時には、小さな部屋を借りて一人で住み、夜、工場や倉庫の警備員として働いていました。

彼は週に数回、第16区のピエル・レルー（Pierre Leroux）という小道にある「小さい兄弟」の家に来ていました。そこにはフランスのすべての兄弟の責任者だったマルセルと連絡係の2人がいるだけでしたが、来客が多く、料理係として私が1年間送られていました。私はすでに日本へ行くことが決まっていたので、大学で1年間日本語を学ぶためでもありました。

ドミニクはここへ来て私たちと御堂で祈り、共に夕食を食べ、仕事へ行きました。

食卓ではいろいろなことが話題にのぼりましたが、霊的な話はほとんどなく、多くは日常のことでした。霊的なことは日常の話題の横糸にひそめた方が良いとされていますので。

ある晩、ドミニクが次のような話をしました。

朝の７時過ぎ、仕事を終え地下鉄に乗ろうとした時、喘息の発作に襲われました。ベンチの背もたれに寄りかかるように座り、息が少しずつ元に戻るのを待っていました。しかしなかなか回復せず、しばらくの間ぐったりとしたまま、同じ姿勢で地下鉄を乗り降りする人々を見ていました。

「みな心配そうに私を見ていました。急ぎ足を緩めて私の方を見る人もいました。人の心は善良ですね」とドミニクは淡々と語りました。マルセルは微笑みを浮かべ、うなずきながら黙って聞いていました。

ところが私は、「とんでもない！　立ち止まって具合が悪いのかと尋ねる人はいなかったのか」と言いそうになりました。人々の無関心にぞっとしたのです。そう言おうとした時、ドミニクの視線に出会いました。私の気持ちも言わんとしていたことも理解して、晴れ晴れとした視線で、かつ何らかの意図を持って私を見つめていました。このような彼の視線に私は黙ってしまいましたが、その時突然、彼が言った最後の言葉が心の内に響いてきました。「人の心は善良ですね」。彼は人の無関心ではなく、人の良い心を見ていました。とはいえ決してお人好しではなく、時によって鋭く厳しい視線を放ちました。

この小さなエピソードがなかったら、私はドミニクの無言の教えを得ることはできなかったでしょう。そして神の視線を思うこともなかったでしょう。

神の心にかなう人、主イイススの似姿になり始めている人は、神の視線を受け、その場所からすべてのものを見ます。

「どうしたら神の心にかなう人になれますか。どうすれば主イイススが見られたのと同じ視線で私たちも御父から見られるようになれますか」という問いが繰り返されます。

何かをするという問題ではなく、どうあればよいかという問題です。

どうあればよいのでしょうか。それはただの「息」、無に等しく、全面的に神に向かう存在であることではないでしょうか。息が元に戻るのを待っていたドミニクのように。

神の前で「息」にすぎない者であることが喜びの泉です。喜びは神の印《しるし》です。

神はアベルを見て、カインを見ませんでした。カインは神に向いていなかったので、神の目が向けられませんでした。神が不公平ではないことは明らかです。


アベルの喜びに誘われて、しばしパリの「小さい兄弟」の家に思いを馳せたいと思います。

フランスの兄弟の責任者だったマルセルは、大部分の兄弟と同様に司祭ではありませんでした。年齢は50歳ほど、痩せ型で、金髪が少なくなりつつある、動作も頭の回転も素早い人でした。

彼は当時のすべての兄弟と同じくトゥルーズ（Toulouse）のドミニコ会の神学院で学びましたが、師として最も慕っていたのは有名なネオ・トミズムの哲学者であるジャック・マリティン（Jack Maritain, 1882~1973）でした。マリティンは妻ライサ（Raissa）の死後、トゥルーズの「小さい兄弟」の家に住み、そこで哲学を教えていました。

マルセルの眼鏡の奥には落ち着いた、ものごとをしっかり見る目がありましたが、そこにはある深刻さも現れていました。癌を患っていて、長くてもあと1年の命であることを知っていたのでした。首の左の方に赤みがかった腫物があり、定期的に病院へ通いながらも普通の生活をしていました。責任者としての務めをきちんと果たし、病気を周りの人々に感じさせませんでした。私がそこに送られたのは彼の病気のためでもありました。

ある晩、2人だけの夕食の時、思い切って彼に「なぜドミニクに夜、警備員の仕事をする許可を出したのですか」と尋ねました。「喘息は夜間悪化するし、一人で仕事をしている時に発作に襲われたら命の危険もあるでしょう」と。（翌年、恐れていたことが起こりました。）

マルセルはすぐには答えず、つまらない質問だというように私を見つめていました。それから、おそらく私の若さに免じてでしょう、ゆっくりと言葉を吟味しながら言いました。「ドミニクは自分の召し出しにふさわしい選択をしました。それこそが彼の喜びです。生き方を選ぶということは死に方を選ぶという意味でもあります」。ほぼこのようなことを言った後、黙って私の料理を食べ続けました――そういえば「おいしいよ」と言ってくれたことが1回ありました。1回だけです。もう少し頑張って料理をすればよかったと今は思います――。ドミニクが小さい兄弟になったのは、ナザレのイイススに倣って社会の底辺の人々と共に生き、働き、世の救いのために祈るという生き方の美しさに誘われたからでした。しかし、喘息のために無理をさせたくなかった責任者に従って、以前は若い兄弟の養成を行っていました。そして年を取ったその当時は、大都会で生きるために働かざるを得ない孤独で貧しい老人たちと生き方を分かち合うことを選んでいました。

パリの「小さい兄弟」の家のもう1つのエピソードを語らせてください。

ある晩、私たちと共に食事をしていた中国人の友がマルセルに、「是非紹介したい女の人がいるので近いうちに連れてきます」と言いました。どんな人かは言いませんでした。数日後、夕食の時間よりかなり早く2人はやって来ました。中華料理を1品作りたいから、と言っていましたが、私の料理の腕を信用していなかったのでしょう。みなが食卓に着き婦人が自分のことを話し始めると、なぜ中国人の友が彼女を連れてきたのかがはっきりしました。

45歳位の美しい女性で、黒髪を後ろで軽く優雅に束ねていました。名前も結婚していたかも思い出せません。覚えているのは裕福で不動産取引の仕事をしていたことだけです。

彼女の話は5分足らずでした。大学を出た頃、修道女になるようにという召し出しをはっきり感じたそうです。彼女は修道生活に惹かれていて、また、一人の司祭がこの召し出しを本物であると認めました。

しかし彼女には別の人生設計がありました。豊かな家の娘でとても活発だったので、将来の夢を大きく膨らませていました。そこで神の呼びかけをはっきりと感じたのと同じ位きっぱりと断ったのです。「神様、あなたは私を欲しいかもしれませんが、そして私も一面ではそれを喜んでいます。しかし今は他にしたいことがあるのです。どうしても私が欲しいなら、20年後に癌をもたらしてください」。おおよそこのように祈ったそうです。彼女はこう祈るとすっきりとして、その後、青春時代のこの小さなエピソードを忘れていました。

22年後、病院で肺に癌があると宣告された時、彼女はあの時の神への祈りを突然思い出しました。するとその瞬間、喜びの波に包まれました。彼女の目から歓喜の涙があふれて止まらないのを見た医者はびっくりしていたと、彼女は笑いながら言いました。医者は患者が泣くのに慣れていますが、その涙が喜びの涙だとわかったからです。こう話しながら、彼女はまた喜びの涙を流していました。

彼女の言葉から、目から、声から喜びが流れ出す様子を見ていると、私たちの渇いた魂が潤っていくのを感じました。

感動が落ち着いた時、「修道女になっていたなら」とマルセルが口にしました。「おそらくこれほど深い体験をしなかったでしょう」。『Felix culpa（幸いな罪）』を歌うカトリックの復活祭の典礼を引用しながら、「幸いな拒否」と言い添えました。

こうした思い出に長くとどまったのには2つの理由があります。まず、ドミニクは喘息とともに、女性は癌とともに神だけをみつめ、神にみつめられるという事実に満たされていたからです。アベルのように。アベルの名は『息』であり、人の命は神のみによることを意味します。

もう1つの理由は、伝えるべき思い出があるということです。そして聖書を読み、思い巡らすことは、貴重な思い出を伝えるチャンスを与えてくれます。

──カインの悲しみ──

カインは大変悲しみ、顔を伏せました。カインのこの感情は私たちにとってわかりやすいものですが、実は理にかなわないことです。

人間の感情は客観的な事実をゆがめてしまいがちです。

イイススが言うように、「外から人の内に入るものは人を汚さない。しかし人から出るもの（情念に満ちた思い）は人を汚す」し、環境も汚すのです。

子供や部下を不当に扱う人もいます。それはまさに客観的な状況です。不当な扱いを受けた人は多かれ少なかれ歪んだ眼差しを持つことになり、悪循環が生じます。

しかし神がカインに対して不公平なことを行っているわけでも、無視しているわけでもありません。これは世の中ではあまり見られない、限定されたケースです。つまり、カインの欲求不満には客観的な原因をたどることができないのです。

神は正しい方なので、その原因は存在しません。

そこでカインの心中に注目して彼の感情がなぜ生まれたのかを理解することは興味深いでしょう。嫉妬という情念が起こる源を発見できることを願いつつ。

嫉妬について師父たちはどのように言っているのでしょうか。

カルタゴの主教キプリアヌス

「ふつう人は、神が創造した『良い』ものを見て嫉妬を感じること、または自分よりすぐれた人を見て妬むことは、それほど大きな罪ではないと思いがちである。しかし大変重い病で、外からは見えにくい害をもたらし、人の魂の奥底を襲う……

嫉妬がどこから生まれるのかを見るために、その元にさかのぼる。嫉妬の源を知ることで、より簡単にそれを避けることができるだろう……

サタンは自分の嫉妬で滅びた。世が造られた時、彼がまず初めに滅び、そして他のものを破滅へと導き始めた。彼は天使としての栄光を持ち、神の友情を得ていながら、神のイメージに造られた人間を見た時、嫉妬の情念に身を任せた。知恵の書（2・24）は言う。『世に死が入ってきたのはサタンの嫉妬による。それゆえサタンの側に立つものは死を受ける』……

他の人々の良いものを自分にとって悪いものに変える者は、自分自身を拷問し、拷問する者に自分の魂を預ける……

嫉妬を感じる相手に害を与えようとするお前は、おそらくその相手はお前から逃げるだろうが、お前は自分自身から決して逃げることはできない。自分の心に拷問者を宿しているお前は……

神の好意を得ている人に害がもたらされることを望むとは、なんと恐ろしいことだろうか」（『嫉妬と妬み』）。

キプリアヌスは、子供が弟妹に対して抱く嫉妬や、恋人からただ一人愛される存在でありたい人の嫉妬ではなく、人の良いところを見て悲しみ、自分の神経を削る人を問題にしています。

この情念は悪魔的で、「神に反対する」と言われます。つまり、造られたものの良さを見て喜ぶ神に反して、それを見ると悲しみ、できるならば消し去りたいと望むものです。

リオンのエイレナイオスはキプリアヌスの80年ほど前にこう書いています。

「サタンは人を嫉妬し始めたがゆえに神に属さない者になった。嫉妬は神と共存できないからである…そして人が彼のつまずきの石だったので、さらに人を激しく襲うようになった」。

エイレナイオスの時代とキプリアヌスの時代の半ば頃、テルトゥリアヌスは「忍耐と非忍耐」について小さなエッセイを書き、非忍耐の中に嫉妬を含めています。

「私には非忍耐の源がサタンにあると思われる。彼は神がご自分にかたどって造った人間に、すべてをゆだねたことに我慢できなかった」。

この思いの裏にはある神学が潜んでいます。神にかたどって造られた人はすでに神の子イイスス、私たちの主の形をしていました。この「神のかたどり」は、後にナザレのイイススの中に啓示されることになるでしょう。天使は何か不安なものを嗅ぎ取りました。

ギリシャとラテン教会の師父たちのこの思いは教会の伝統の中に受け継がれてきていますが、ユダヤの伝統にもあります。

ラビの詩編に対する伝統的な解説ミドラシュ・テヘリム（Midrash Tehellim）の中に、詩編8編5―6節について書かれたものがあります。ラビの解説の仕方の例としても興味深いものです。イタリアのボーセ修道院の修道士、アルベルト・メーロが監修したミドラシュ・テヘリムのアンソロジーから引用します。

――天使に足りないもの――

詩編8編5―6節
「そのあなたが御心《みこころ》に留めてくださるとは　人間は何ものなのでしょう。
人の子は何ものなのでしょう　あなたが顧みてくださるとは。
神（天使）に僅かに劣るものとして人を造り
なお、栄光と威光を冠としていただかせ。」

聖なる神（祝福あれ）がシナイ山でイスラエルに律法を渡そうとした時、天使は神を非難してこう言った。「その偉大なあなたが御心に留めてくださるとは、人間は何ものなのでしょう」。さらに続けた。「主よ、わたしたちの主よ、あなたの御名は、いかに力強く、全地に満ちていることでしょう」（詩編8・2）。天使が言いたかったのは次のことである。「主よ、律法は天に置くにふさわしいものでしょうに、なぜですか。私たちは聖なる純粋なもので、律法も純粋で聖なるものなのですから。私たちは（永遠に）命あるもので、あなたの律法は命の木です。それゆえに律法は私たちとともにあった方がよいのです」。

主は答えた。「律法が天使によって実践されることはないだろう。『それ（律法）は命あるものの地には見いだされない』（ヨブ記28・13）とある。いったい天に地上があるのだろうか。どこで実践されるのだろうか。地上の人間の中のみである。このようにある。『大地を造り、その上に人間を創造したのはわたし』（イザヤ書45・12）」。

ラビ・ネヘミーア Nechemjà は、ラビ・イェフダ Jehudà の名のもとに次のような例え話を言った。

「指が1本欠けた息子を持った父親が、機織の技術とこの仕事に関するすべて（10本の指を必要とする仕事）を学ばせようと息子を送り出した。しばらくして父親が会いに行ったところ、息子はまだ仕事を覚えていなかった。そこで機織の親方に尋ねた。『なぜあなたはいまだ息子に技術を教えないのですか』。親方は答えた。『これは10本の指全部を使う仕事です。それなのにあなたの息子には指が1本足りません。あなたは彼に私が機織を教えることを望むのですか』」。

主は（祝福あれ）このように天使へ言った。「律法があなたたちによって実践されることはありえない。なぜならば、あなたたちには出産も不浄もなく、死も病もなく、みな聖なるものだから。ところが律法にはこのようなことばかりが語られている。『人が天幕の中で死んだとき……』（民数記19・14）、『以下は重い皮膚病を患った人が清めを受けるときの指示である』（レビ記14・2）、『女が妊娠したとき……』（レビ記12・2）、『もし、生理期間中でないときに、何日も出血があるならば……』（レビ記15・25）、『水中の魚類のうち、ひれ、うろこのあるものは、海のものでも、川のものでもすべて食べてよい』（レビ記11・9）、『したがって反芻するだけか、あるいは、ひづめが分かれただけの生き物は食べてはならない』（レビ記11・4）。今、これらのことは1つもあなたたちの間にはない。そこで『それ（律法）は命あるものの地には見いだされない』とあるのだ」。

主が（祝福あれ）天使とこの話を終えた時、恩寵をもって律法をモーセに与えた。（引用終わり）

天使に足りないものとは人間のみじめな状態です。イスラエルの伝統によれば、世が創造される以前から神のもとにあったモーセの律法（Thora）は、弱さのない天使のためのものではなく人間のためのものです。神は完全なお方であるからで（マトフェイ5・48）、その完全さのもう1つの名は慈悲です（ルカ6・36）。みじめさがなければば慈悲はないでしょうし、慈悲がなければ完全さはないでしょう。

ギリシャ・ローマ文化を継承したキリスト教徒にとっては少しわかりにくい考え方だったと思われます。そして現代人にもピンとこないことでしょう。物質や肉体的なものは、いわゆる「霊的」という生活にとって妨げになると考えられがちです。ところがパレスチナとシリアの世界には次のようなシリアのイサークの言葉があります。「人間に弱さがなければ、どうして神の愛が現れることができたでしょう」。イスラエルの伝統が言いたかったことはこれだと思います。律法は神の懐に永遠からあると同時に、人々のあいだ、地上にあります。

反逆者となった天使の嫉妬と他の天使の当惑は、ハリストスのケノシス（へりくだり）と復活の新しい創造という神秘への無理解を示しています。そこでは天使はただの伝令であり、人間に仕えるものです。

――暗い悲しみを切り離す――

カインとその嫉妬に戻ると、カインはアベルのことも神のことも理解していないことがわかります。同じく人間中心の俗世間の中に閉じこもる私たちにとって、強い者が弱い者に仕え、知恵のある者がそうでない者に仕えるというのは理解しにくいことです。ハリストスに現れる神の心を知らずして福祉活動を行うのは、頭や顔がないようなものではないでしょうか。神を知るとはハリストスの奥義へ目を開くことです。ハリストスは私たちにとってあくまでも奥深くにある神秘ですが、聖神のおかげで、私たちはその内で自由に喜んで生きています。

5節を読むと、私たちの心にはカインの暗さが残ります。アベルではなくカインの方に私たちは共感します。彼の気持ちがわかります。カインのような存在である私たちは、残念ながら彼と同じような思いを経験しています。『ヘルマスの牧者』（1世紀）の中の第10の戒めに次の言葉があります。「不信と怒りの姉である暗い悲しみを自分から切り離しなさい…… 暗い悲しみはあらゆる感情の中で一番悪く、最も有害なものだから……」。「暗い悲しみを切り離しなさい」とあります。なぜなら、暗い悲しみを感じることと、その感情に自分の身を任せ、支配されることはまったく別のことだからです。人生のさまざまな時にどうして暗い悲しみを感じずにいられるでしょうか。イイススもそのような感情を持ちました。しかし切り離すべきです。一言二言の挨拶を交わすだけなら影響を受けることは少ないでしょうが、立ち止まって話したり一緒に歩けば望まないことに巻き込まれる人が出てくるかもしれません。暗い悲しみとはこのような人です。その顔には死の色が現れ、心は定まらず、奥底には怒りが潜んでいます。カインは立ち止まってその暗い悲しみと付き合ったので、とらわれてしまいました。

6節　主はカインに言われた。「どうして怒るのか。どうして顔を伏せるのか。
7節　もしお前が正しいのなら、顔を上げられるはずではないか。正しくないなら、罪は戸口で待ち伏せており、お前を求める。お前はそれを支配せねばならない。」

神は「どうして」と問います。問いは、カインが自分の心に戻り、自分を見つめることをねらっています。

ルペルト
「神はカインを慈悲へと誘い、自分の良心へ入るように導く……」

――良心へ入る――

詩編42・6は「わが魂はなぜ打ち沈み、自分を嘆き悲しむのか……神に望みを置き……」と唱えます。

このように暗い思いを追い出し、自分に戻るべきです。しかし、しばしば心が分裂して本当の自分に戻ることが難しいこともあります。その時はどうすればよいでしょうか。

大きな声を出す自分に戻ってしまうことが多々あります。魂は本来、知性、理性、感情と感覚が仲良く生活する居間のようなものです。調和があれば人の顔は晴れ晴れとし、なければ不調和が現れます。

その時は自分の内部の家族を集めて、「わが魂よ、どうしたのか……」と問う必要があります。すると、最初にさまざまな感情が子供たちのように同時に話し出します。魂はそれらの言い分をきちんと聞き、その後、理性にそのいきさつを尋ねます。理性は客観的に整然といきさつを語ります。魂は最後に知性の見解を聞きます。

知性は物事の表面の下に隠れている内側を見る能力にたけているので、魂の家を滅ぼそうとする死がどこから入って来たかを教えてくれます。本当の問題が見えてくると、秩序と調和が戻って来ます。

しかし、このように自分の内に戻り、光と闇、生と死を区別できる人はわずかでしょう。

神には弱っているカインが自分の内に戻ることは難しいとわかっています。そこで話し続けます。私たちもその言葉を思い巡らす必要があるでしょう。

——人の正しさとは——

「もしお前が正しいのなら（良く行うなら）、顔を上げられるはずではないか……」。

この「正しい」とは、この「良く行う」とは何でしょうか。自分の暗い悲しみを退け、神の方へ戻ることではないでしょうか。

神に好まれている弟を妬んで苦しむカインに神が話しかけます。カインの思いはまさに神の心に反する重い罪ですが、神は父のように優しくカインに話しかけるのです。

ある罪深い人が悪行の限りを尽くしていた時、突然、神に心を向けたとします。すると、まだ良いことを考えたり、したりする前であっても、神の呼びかけを聞いたかのように振り向くだけで、彼は正しい人となり始めます。

したがって、この「正しい」や「良く行う」は一つの行動というより自分が向かう方向です。

現代の聖書の訳は「もしお前が正しいのなら（良く行うなら）、顔を上げられるはずではないか……」です。70人訳ギリシャ語聖書では「良く」よりも「正しく（オルトス）」が使われ、内容もかなり異なっていて、「もし正しく捧げたとしても、正しくない分け方をしたならば罪を犯したということではないか」とあります。

ヘブライ語の原文は本来の意味がわからなくなるほど乱れていて、さまざまな訳が存在します。どの訳者も自分の判断によって最も忠実に表現しようとしたことでしょう。しかし、解釈者がそれぞれ異なる訳のテキストに基づいていたとしても、その解釈はかなり一致してきます。

アウグスティヌスは70人訳に基づいてこう説明します。

「カインは正しくない分け方をしていた。神には自分のある一部を与え、自分には自分自身のすべてを与えていた」。

アウグスティヌスにとってカインの基本的な問題は彼の心の方向でした。カインの心は神に向かうのではなく、自分に向かっていました。

ユダヤ教の伝統では「顔を上げられるはずではないか」という言葉を「許されるでしょう」と解釈します。

ラーシ

「あなたが自分自身を正すのなら、ゆるされるのではないだろうか」。

そして彼は最も良い解釈としてタルグームの訳を薦めます。

タルグーム

「あなたが自分の行いを正すならば、ゆるされるのではないだろうか」。

「顔を上げる」ことが「ゆるされる」という意味ならば、自分（または自分の行い）を正すことは、回心する、悔い改める、という意味になります。

ともかく「正しく行う人は顔を上げるはずだ」という一般論を言っているわけではありません。悲しみに暮れ、首を垂れる人にこの一般論を言っても残酷で意味のないことです。

神はカインに希望を与えるために「自分を正すのならゆるされ、再び顔を上げるだろう」と言います。つまりこういうことです。カインが神の愛に反する思いを抱いたことを認めて自分を正し、彼に対する神の愛を再び見出すなら、彼は顔を上げるでしょう。

さまざまなテキストに基づいた解釈は、信者の共同体（シナゴーグも教会も）の理解の中で一つにまとまっていきます。

ルター
「語られているのは、祝福された種・ハリストス（創世記３・15）を信じ、自分の良い行いに対する神のお返しを期待しない人を神は愛するということだけである。このようにするなら、あなたも罪に押しつぶされることなくこの重荷から解放され、怒りに震えることもないだろう」。

この言葉から、ルターが「回心」がない「良い行い」という考え方に反発していることは明らかです。彼の解釈は伝統と一致しています。

――戸口で待ち伏せている獣――

神は話し続けます。「正しくないなら、罪は戸口で待ち伏せており、お前を求める。お前はそれを支配せねばならない」。（「だがお前が正しい姿勢を持っていないならば、罪は戸口にいてお前を欲しがって待ち伏せる獣のようなものではないか。お前はそれを支配することができるのか」『エルサレム聖書』。）

先に見たように、「正しい」「良く行う」とは一つの行動ではなく、魂の姿勢です。絶えず変化する生活の中で安定して変わらない魂の姿勢です。航海中、羅針盤の針が必ず北を指しているのと同様に、魂も常にその北極星である神の方へ向いています。

もし魂が神の方へ向いていないのなら、罪はその人の心の戸口で、獣のように今にも飛びかかろうと待ち伏せています。このイメージはピンとくるのではないでしょうか。

通らずにはいられない戸口で待ち伏せるこの罪は、すでに犯した罪ではありません。犯す可能性のある罪です。これは人の行動を支配しようとする、外から来ていながら内面的でもある力です。人は神に向かうために創造されたので、自然に神に向かいます。そのため、この力は外から来るものです。同時に内面的な力でもあります。人は偽りや背徳に誘われて、自然なあり方から離れてしまう可能性を持っているからです。イスラエル人が言う「悪い傾き（yètzer harà）」です。

カインの状態は私たちの状態です。聖書は私たちのことを語っています。常に神の方へ向いている人も、自分の家を出入りするたびに、戸口でうずくまる獣のそばを通らねばなりません。神の方へ向いていない人ならば、襲われ、噛まれ、バラバラにされます。この獣は獲物を離しません。強く印象に残る罪のイメージです。すべての人がこのような体験をしています。

――支配しなさい、または、支配できるか――

「……お前を求める。お前はそれを支配せねばならない（支配しなさい、支配することができる、支配することができるか）」。

読む人は『エルサレム聖書』の訳と他の訳の違いに注目するべきです。私の聖書の瞑想はいつもフランス語のエルサレム聖書から始まります。そのあとで日本語訳、ギリシャ語（70人訳）とラテン語（ブルガタ）を見ます。エルサレム聖書を読むと、人間には襲ってくる獣を支配する力がないかのように、もしくはそれがとても困難なことのような印象を持ちます。

それに対して他の訳は、人が罪を支配する力を持っていることをはっきりと認めています。イスラエルのラビも師父も人の責任を重んじ、やむを得ず罪を犯すことはないと断言します。

人間の具体的な状態から瞑想し始めると、私の心はエルサレム聖書の訳に傾いていきます。「神への正しい姿勢を持っておらず、その方がお前の神であると認めないのならば、どうやってお前を襲う罪を支配することができるだろうか」。

しかし神にいただいた人間の本質を瞑想の出発点とするならば、「支配せねばならない」「支配することができる」という訳の方へ傾きます。

人の本質は確かに罪によって傷つけられますが、変質はしません。だから救いを待ち望むことができるのです。変質していたならば待ち望むことはないでしょう。

狭い道を運転する時に左右を交互に確認するように、この節を理解するためには２つの解釈を見なければならないでしょう。

――バヒーヤ・イブン・パグダの解釈――

この２つの解釈の融合をバヒーヤ・イブン・パグダの本の中に見つけたように思います。

彼はコルドバ、もしくはサラゴサのユダヤ人で、１０８０年頃にアラビア語で『心の務め』を書きました。バヒーヤは正統的なユダヤ人で、当然のことながら聖書とラビの伝統（Mishna,Pirqe Abòth,Talmud）を引用します。しかし、自分の本の中にキリスト教とイスラム教の聖人の言葉を入れる心の余裕を持っています。

彼の本は10の回廊のある広場のようなものです。そこには聖書から生まれた一神教の伝統が合流しています。『心の務め』は、神の唯一性・被造物を眺める・神に従う・神に自分を委ねる・行動の清め・謙遜・贖罪・良心を見守る・苦行・神への純粋な愛、という10の回廊に分けられています。

バヒーヤは第5の回廊（行動の清め）の中で、情念に対する絶え間ない戦いを教えます。情念とは各人の行動や思いを堕落させ、私たちの活動の場を侵略しようとするものです。バヒーヤは戸口で待ち伏せするこの獣を、罪ではなく情念と呼びます。しかし後に聖書を引用する際には、テキスト通りに罪と書きます。

第5の回廊でバヒーヤはこう述べます。

「これから思いと行いの堕落から身を守る方法を述べよう。私たちの心が主のために完全になるように。

『賢者が耳を傾ければ、その知恵が増す』（箴言１・５）。

私は次のことを言っておく。人よ、あなたはこの世における最も手ごわい敵を知るべきである。それは情念である。情念は人の全器官に張り付き、精神構造に混ざり込み、身体と心の振る舞いに手を伸ばしている。

情念は、見える、見えないにかかわらずあなたのすべての行いに影響を及ぼし、一歩一歩に罠を仕掛ける。あなたが情念を警戒しないならば、これはあなたを見張り、あなたの手から逃れる。ところがあなたはこれから逃れることはできない。

情念は、あなたの気を引こうとする恋人のように愛の飾りを身に着け、あなたの友達の間に座り、あなたの最も小さい望みを満たそうとする。

あなたという存在の奥底まで侵略するための最も強力な武器は、実際にあるものを疑わしく見せ、明らかなものを霞の中に隠し、偽りの思いと邪まな議論で魂をかき乱すことである。信仰と知性が根本から揺らぐまで、あなたを離すことはないだろう。

情念を警戒して、知性と理性の力で抵抗するなら、その矢は的を外し、神の恩寵があなたを救うだろう……

しかし自分の人生を情念に任せるなら、情念の意図に身を委ねるようなことがあれば、２つの世界であなたは滅ぼされ、根ごと抜かれてしまうだろう……多くの人が倒され、地獄へと導かれるのである……ゆえに兄弟よ、遠い敵ではなく、あなたから離れようとしない敵を倒すために剣をふるうのがよいだろう。

ある聖者（モハメッドの仲間の一人）が、戦利品を抱えて激しい戦いから戻ってきた幾人かの兵士に話しかけた。『神のおぼしめしで、あなたたちは小さな戦いから帰還することができた。次は大きな戦いに備える必要がある』。『大きな戦いとは何か』。『聖戦である。情念とその従者に対する戦いである』。

情念は、勝っても負けても、一度のみならず、千度あなたに戦いを挑む。勝てば死を与え、負ければあなたを支配しようと生涯に渡って毎日罠を仕掛ける。

『死ぬまで自分自身に対して疑いの目を注ぎなさい』（abóth2・4）とラビは言う。

したがって、情念に対してどんな小さい妥協もしないように注意しなさい。情念に対する勝利はどんなに小さなものでも、非常に大きなものだと思いなさい。小さな勝利は、より大きな戦いに勝つための助けとなる。主はカインに言った。『罪は人を待ち伏せている。しかし人はそれを支配せねばならない』（創世記４・６）。

情念は支配することを望む……しかし、数えきれないほどの従者がいたにしても恐れてはいけない……その策略の本質は、偽りのものを本物にみせることである」。

バヒーヤは、私たちが瞑想している創世記の第6節を引用するにあたり、テキスト通りに罪と書いていますが、実際に言わんとするのは情念です。このような理解の仕方によって、彼は師父の伝統の流れに入ります。情念に汚染された思いは、それを見抜き、断ち切る必要があります。また、心の戸口で行われる戦いは「聖戦」と呼ばれます。

――存在することを欲する無（情念）――

情念は人を欲しますが、人はそれを抑えるべきです。なぜ欲するのでしょうか。情念は空虚で、存在しないからです。神の創造物ではありません。

師父が言うように「悪は本性として存在していない……神は良くないものを1つも造っていない。人がそれを欲して、思いを抱き、現実にはないものに形を与えてしまった時に、欲したものが存在し始める」（フォティカのディアドコス）のです。情念は「存在することを欲する無」です。

神が存在するすべてのものを無から造ったという、あの無ではありません。私たちの根底にあるこの無は無垢なものです。造られたものにはこの無が内に残っていて、神に良しとされました。

「存在することを欲する無（心の戸口で待ち伏せている獣）」は、自分のそばに「無垢な無」があるのが耐えられません。同じくカインは近くにいるアベルのことが我慢できませんでした。

「無垢な無」は神のことを語ります。神のために、その栄光のために生きる喜びを与えてくれます。「欲する無」は人にその人自身のことを語りかけます。自分のために生きたいという猛烈な欲望を引き起こすために。「欲する無」は滑稽な悲劇役者です。役者がその役に真剣になればなるほどその悲劇は恐ろしくなります。

もし人が自分のことを笑えるようになれば、情念から治りかけています。苦い気持ちを持たずに自分について微笑むことができれば、治る見込みがあります。各々の「ヒトラー」のそばには彼のまねをする「チャップリン」が必要なのでしょう。

世界の歴史という舞台では、喜劇ではなく悲劇が演じられています。ハリストスはいつも殺されます。

――神の思いに生きる――

「欲する情念」と意志の情熱を混同してはいけないでしょう。神の御心を愛し実行する人は、情熱に満ちた意志を持っています。その情熱のおかげで、人生の重さが軽く感じられます。

一方、情念はしばしば生ぬるく、活気がなく執拗です。怠惰、憂鬱、享楽、饒舌などです。燃えるように熱い情念もあります。怒り、復讐心、野心、吝嗇、認められたいという思い、愛されたいという欲求です。

あるいは身を切るように冷たい情念もあります。自分の悲しみに閉じこもったり、他人を軽蔑したりします。最も害があるのはおそらく生ぬるい情念でしょう。一般的なものであまり情念らしくありませんが、魂の透明さやバランスのとれた生き方を妨げるからです。

生ぬるい情念の沼では、神の言葉の種は簡単には育たないでしょう。

人は識別によって、神の意志だと悟ったことを実行するために、自身の意志を脇に置くという習慣を身に着けることができます。このような人は燃えるように熱く、安定した意志を持ち、そしてとても重要なことですが、平和的で、平和をもたらします。

一方、強い情念に支配された人の意志は、熱く安定していても、平和を望まず、平和をもたらしません。それは人間関係の中や人が出す雰囲気から見えてきます。

情念に支配されているかどうかを見分けることは難しくありません。興奮したり、気力がなかったりするのは、生ぬるい情念に支配されている証拠です。強くて安定していても、平和をもたらさなければ、強い情念に捕らわれています。

今、私たちは、次のことをしっかりと胸に留めねばなりません。人は自分の意志や選択、努力によって自分自身を造るのではありません。この考え方は人に強い不安を与えます。人は自分で自身の形を造らない限り、形を持たないと思ってしまうからです。不安に負けると、人は生ぬるい情念に襲われて、怠けたり、目的のない活動に身を投じたり、つまらない望みを満たしたりします。不安に打ち勝った人が強い情念に身を任せると、自分の意志に捕らわれます。

しかしながら、人は自分についての神の思いを実現した時に、その真の姿を持つのです。

神のことば（LOGOS）は世界を創造し、創造されたものはどれも自分の logos を持っています。各々の被造物の logos は他の logos とは異なる固有の質を持っています。しかし、そのすべての源はみことば（LOGOS）にあり、それぞれの動きで同じ目的（LOGOS）へ向かいます。これは師父たちの考え方です。

宇宙の有機体としての一致と各々の被造物の違いは、問題なく共存します。すべての被造物は各々の logos から生じる動きで、自分の目的であり源である創造主（みことば）へと流れていきます。

マクシモスは、造られた logos のことを語る時、特に人間のことを考えます。人は自由をいただいたことで、不自然な動きで脱線することがあります。自分の目的へ向かわず、自分の源から離れてしまう危険性があります。

―マクシモスを聴く―

マクシモス

「logos に沿って動くなら、人は間違いなく神にいるだろう。なぜなら自分の存在の logos は永遠から神にあるからである……もし自分の源ではないものとの一致を求めないなら、神から遠く離れていかない。神に向かうおかげで神的になり、『神の一部』と言われる。それは神に属するからである。

聖バジリウスもイザヤについて解釈した書の中でそのことを言う。

『まことの安息日（複数）は神の民のために準備された平安である。〝この世〟を捨てた人は、その安息日まで行き、〝自分の場〟に達することができる。

この場にいる人はもはや動かないだろう。そこには平和と静けさがある……皆の場とは神である。〝神よ、私の守り手であり、私の救いの砦であってください〟（詩編31・3）とあるように』」（『アンビグア』1080c）。

「しかし、神の一部でありながら自分の源を離れ、理性に反して存在しないものの方へ動くなら、『上から落ちる』と言われる。自分の源であり真の原因である神の方へ動かないということは、不安定なさすらいの中、魂と体の恐ろしい無秩序の中にいることになる。そのような人は自発的に良くないことに傾くことで、源であり目的である場に達することができないという失敗に陥ってしまう。

このことはまさに『上から落ちる』と言えるだろう。彼は自由に神へと進む力があったのにもかかわらず、自分の意志で存在（生）の代わりに無存在（死）を選んだからである。

アレオパギタのディオニシウスは、私たちが話してきたこのlogoiが聖書の中で『あらかじめ定められたもの』または『神の思し召し』と呼ばれていると教えてくれる」（『アンビグア』1084d）。

「したがって、私たちは次のように言うことができる。神は、存在するものが自分の意志の結果であるためにそれらを知っている。神は自分の意志ですべてを造ったので、そのすべてが自分の意志であるために、それらを知っているのである。

それゆえ聖書は、モーゼに対して『皆より私の方があなたを知っていた』（出エジプト記33・17）、ある者たちについて『主はご自分の者たちを知っておられる』（テモテ２、２・19）、また別の者たちに『あなたたちのことは全然知らない』（マトフェイ７・23）と言う。これらは明らかに、一人一人が自由な意志によって、どれほどみことばを聴き、神の思し召しを行おうとしたかということに応じている」（『アンビグア』1084c）。

――受け身と積極性――

自分の努力によって自分自身を造ることができると考える人は、情念の攻撃に弱く、簡単に動かされてしまいます。ところが、神の思いによって造られ、その思いによって生きる以外に完成はないと信じる人は、待ち伏せる情念からもっと簡単に逃れることができます。

あらゆる時に神のみこころを見出そうとし、実行する人は、最も受け身でありながら最大の活動をします。自分の望みではなく神の思し召しをかなえたいという点において、最も積極的な受け身の状態にいます。自分についての神の思いを受け入れることは神に造られていくことだと知っているからです。受け身でありながら大変活動的です。思し召しを識別できるように自分の思いと気持ちをコントロールするからです。神の業と協力するために、その活動と受け身は共に力を合わせます。彼の心は集中しています。

しかし、自分の思い通りにしたい人は受け身でいることに耐えられません。そこで闘ったり、邪魔なものを取り除こうとしたり、損得ばかり考える俗世間の生き方に浸ったりするので、心が一つになりません。

人が自分の努力で自分自身を作り出すという考え方は一般的なものです。多くのキリスト教信者もそう思っています。

人は社会の中でとても重い受け身の状態にいます。果たして頑張れるのか、どの程度できるのか、頑張ったにしてもどうなるのか……人の受け身の状態はかなり消極的です。無気力や鬱、怒り、あきらめを生み出す場合もあります。すると、次の２つの大切なことが妨げられることになります。一つ目は、自分がどんな状態であれ、神とのすばらしい旅の出発点となりうると信じることが妨げられます。二つ目は、神とその聖なる思し召しを望む人にとって、すべては益になる（ローマ８・28）ということを理解できないようにします。

神のみこころを見出そうとする積極的な受け身と社会の中での辛い受け身の違いはとても大きなものです。一方は心が一つになり、自由で幸せです（たとえ不幸せに見えても）。なぜなら、神に向かうことを妨げるものは何一つないからです。他方は心が分裂していて、不自由で不幸です（たとえ幸せに見えても）。なぜなら自分が自由に動いていると考えるこの世界は、実は牢獄のように閉ざされていて、かんぬきのかかった鉄格子の扉があり、出ることができないからです。

あなたが生きているのは、神があなたが生きることを望んでいるからです。したがって、（みこころから離れることで）死を選ぶことなく、（みこころを行うことで）命を選んでください。

8節　カインが弟アベルに言葉をかけ、二人が野原に着いたとき、カインは弟アベルを襲って殺した。

――アベルを殺す前に、カインは何を言い、何を思ったか――

「カインはアベルに話しかけた。そして野原にいた時に彼を襲って殺した」。

これはヘブライ語聖書にとても近い訳です。より忠実に訳すなら、「話しかけた」の代わりに「言った」と書くべきでしょう。しかし、ヘブライ語聖書にはカインが言った内容が書かれていないので、訳者たちはやむを得ず「言った」の代わりに「話しかけた」と訳したり、あるいはカインが弟に言ったであろう言葉を付け加えたりしました。

紀元前200年にギリシャ語訳を行った70人の学者は「野原へ行こう」と付け加えました。ラテン語訳には「外へ行こう」という言葉が加えられました。

現代の聖書訳もこの２つのうちの１つを選んでいます。『エルサレム聖書』はギリシャ語訳に倣い、日本の新共同訳は「言葉をかけた」としています。また、「言い争いを仕掛けた」と訳すものもあります。この訳は、８節についてのユダヤ人の理解に最も近いものです。

ラーシ（12世紀のラビ）

「カインはアベルに言い争いを仕掛けた。カインはアベルを虐げ、殺すためにけんかを売った(Bereshit Rabbah XXII 7)。それに関するいくつかのミドラシィムがあるが、原文の文字通りの意味はこうである」。文字通りの意味を尊重したいと考えるラーシも、「言った」ではなく「言い争いを仕掛けた」と訳します。

タルグームはカインとアベルの次のような会話を伝えています。

タルグーム〈ネオフィティ〉（８カイン２）

カインとアベルの会話

「カインは話し始め、アベルに言った。『世界は愛によって造られたのでも、良い行いの実りに基づいて治められているのでもなく、個人的な好みによって治められていると思う。どんな理由でお前の捧げ物は恩寵をもって受け入れられ、私から来た私の捧げ物は恩寵をもって受け入れられなかったのか』。アベルは答えて、カインに言った。『私は世界は愛によって造られ、良い行いの実りに基づいて治められていると思う。私の行いはあなたよりも良かったので、私から来た私の捧げ物は恩寵をもって受け入れられ、あなたから来たあなたの捧げ物は恩寵をもって受け入れられなかったのだ』。カインは答えて、アベルに言った。『道理もなく、審判もなく、後の世界もない。正しい人は報われることなく、不信心者は責任を問われない』。アベルは答えて、カインに言った。『道理も、審判も、後の世界もある。正しい人は報われ、後の世界のために不信心者は責任を問われる』。この問題について二人は人里離れた野原で言い争った」。

一見すると神学的な論争に見えますが、そうではありません。カインは神の良さと正義を否定することによって自分の欲求不満を表しています。神に否定された自分の苦い気持ちを弟に伝えようとしています。アベルは兄の悲しみといら立ちが理解できず、神の正義をひたすら守ろうとします。

アベルが私たちのように心理学を聞きかじったことがあるなら、このように言ったかもしれません。「お兄さん、あなたの気持ちはわかりますが、神に対してちょっと不公平ではないでしょうか。神を批判する前に少し待ってください。結局、私たちは神についてあまり知りません。でも、たとえ今わからなくても、時間の経過とともにわかってくるかもしれません」。

このように答えたなら、おそらく殺されなかったでしょう。ところがアベルは単純な人間で、心理学を知らず、カインの言葉に逐一反論しました。

物知り顔でマニュアル通りのことを言い、自分の気持ちをわかろうとしないこの弟に、カインはどうして我慢できたでしょうか。

タルグームは自分の解釈に心理学的な要素があることを意識していたのでしょうか。いいえ、おそらく悪人と善人の思いを表現したかっただけでしょう。

一方、私たちがタルグームの解釈を通して自分の心をみつめたなら、真理よりむしろ他人の気持ちをなだめることを重視する私たち現代人の感覚を発見するでしょう。私たちは現代人の感覚でタルグームの解釈を読んでもいいのでしょうか。私は構わないと思います。タルグームを読むと、古代の人々と現代人の感覚の違いに気付かされます。

タルグームによるとカインは感情的な話し方で大事なことを言いました。ＳＯＳを出しましたが、最終的には自分の孤独を深めただけでした。実際は、後でわかるように、神だけが彼を理解し、見捨てませんでした。しかしその時、神に敵対していたカインは味方を見つけられず、孤独を決定的なものにしました。

――「野原へ行こう」または「外へ行こう」――

散歩に誘っているわけではありません。決闘の申し込みをしているのでしょう。名古屋駅裏にある『憩いの家』というホームレスが集まる家で、この科白を幾度か耳にしたことがあります。言い争いが始まり、次第に声が大きくなり、ついには「外へ出よう」と言って邪魔の入らない隣の駐車場の奥の方に行くことになります。

このカインの誘いには、間違いなく、人のいないところでアベルに暴力を振るおうという意図があります。「話す」より「言う」という訳にこだわった人は自然にそう解釈しました。「言う」とは大抵一つの意図を表しますから。

タルグームのカインに対する解釈は、アベルを殺す思いはまだ決定的なところまで来ていなかったとします。カインの言葉に長くとどまるのは、それが殺す前の最後の行為だったからです。取り返しのつかないことをした後、彼の人生は狂ってしまいます。

――暴力行為の前に――

暴力行為の前には言葉の暴力があります。言葉の暴力の前には暴力的な思いがあります。暴力的な思いの前には痛々しい心の傷があります。

もし自分の内なる暴力を静めたいのならば、まず自分がした暴力的な動作を数えることから始めるのがよいでしょう。ドアを強く打ちつけるように閉めたり、足元の邪魔なものを蹴飛ばすなど、一人でいるときの暴力も含めます。もし毎日、暴力的な動作を記録しながら数えるなら、意識することになるので、そのような行いは減るでしょう。

暴力的動作が減り始めたら、次は「馬鹿」などという言葉の暴力を数えるべきでしょう。もしなんとか言葉の暴力を数えることができたなら、言う前に意識できるようになるため、そのような言葉は減るでしょう。

そして暴力的な思いを数え始めましょう。思いは行為や言葉と違い、道路に張り付く濡れ落ち葉のように私たちの心に張り付いているので、もっと難しいでしょう。暴力的な思いを数えることはそれを自分からはがすことになります。もしわずかでもそれができるならば、暴力的な思いは減るでしょう。（数え始める時、心の傷はぬるぬると膿《う》んでいるかもしれません。濡れ落ち葉のような暴力的な思いが何年も前から傷を覆っているでしょうから。）すると少しずつ怒りの表現である暴力は減り、代わりに悲しみがやって来るでしょう。

悲しみを受けとめることは良い薬になります。そして悲しみは癒され、祈りがやって来ます。

この薄暗い洞穴での魂の旅は容易なものではないので、経験を積んだ人の助けがあればよりよいでしょう。

新聞で理解できない事件を読むと痛ましく思います。誰かを殺したかったという理由で殺人を犯してしまう者もいます。

彼らのこういった行動の前には何年もの間の暴力的な思いや行為があります。もし内気な人間だったら、暴力行為は現れず、暴力的な思いだけだったでしょう。あるいは自分の部屋の壁をこぶしでたたいたことがあったかもしれません。


カインがどれほど私たちになじみ深いか、そして暴力が始まった場所、すなわち傷や弱みそのものを見つけることがなんと重要であるかがわかります。

――最初の殺人――

「野原にいた時にカインは弟を襲って殺した」。

カインは他人の視線が届かない所にいると感じた時にアベルを殺しました。他人の視線には、心の内で目覚める獣を抑える力があります。

寂しい所、一人で歩く男が足を速める所、女性なら決して一人では通ろうとしない所。危険は場所にあるのではなく、人から来るものです。

「弟を襲って」「弟に手を上げて」等の言葉の後に「殺した」とあります。「殺した」と言うだけでは十分でなかったのでしょうか。なぜ「襲って」とか「手を上げて」といった殺人への入り口である動作を書く必要があったのでしょうか。

実は、ヘブライ語聖書を直訳すると「立ち上がって殺した」となります。しかし訳者たちは常に前のように訳します。

なぜヘブライ語聖書には「立ち上がって」と書いてあるのでしょうか。殺人という動作の直前の葛藤する心を表そうとしているのでしょうか。人を殺すと決意しても、いざそれを実行する瞬間には自分を奮い立たせ、無理して行うことが必要となるのでしょう。人を殺すということはそれほど自然に反するのです。

――アベルの方が強かったのか――

なぜ「立ち上がった」のでしょうか。ラビたちもそれを自問したらしく、その答えとなる一つのミドラシュを残しています。ミドラシュは聖書に書かれていないことを語っています。自らの言葉で次のように語ります。

「二人の兄弟の中で強かったのは、アベルの方でした。『立った』という表現はカインがアベルによって倒されていたことを示します。カインはアベルに『私たちはこの世でただ二人の兄弟です。もし私を殺したなら、あなたは父に何と言うことができるでしょうか』と泣き言を言いました。アベルはカインを哀れに思い、彼を離しました。するとカインは立ち上がってアベルを殺しました」。

このミドラシュは、アベルを爽やかな青年として、カインを髭のある強い男として描くヨーロッパの絵画とは対照的なものです。

アベルの方が強く単純（葛藤がない）です。対してカインは心が分裂している複雑で弱い男です。アベルは自然に沿って生きているので、彼の方が強いのです。一方、カインは不自然な思いを養っています。アベルは神を頼りますが、カインは自分自身しか頼れません。

ミドラシュによると、カインの勝利は力からではなく、偽りから来ます。アベルの死は弱さからではなく、慈悲から来ます。偽りの勝利が最終的なものであるはずはないでしょう。神は偉大で、忍耐をもってご自分の時を待つ強いお方ですから。

アベルを弱々しい青年として描くのは、聖書的というより異教的（ヘレニズム的）です。そのような絵を見た人は、アベルになりたいともカインになりたいとも思わないでしょう。口の中に苦い味が残ります。偽りで勝利を手に入れた人々を讃えず、痛ましくも敗れた人々の哀れさを歌ったホメロスの悲劇的な世界観が漂います。『平家物語』に通じる世界観です。日本の文化は独自の美的感覚で悲劇の苦さを超えようとします。

聖書の世界観は、異教の文化の中の無常から生まれる美と情を消すわけではありません。異教の文化には勝利者に共感するのを避ける傾向があるため、聖書と共存できるところがあります。ただし聖書は、最終的な言葉は神にあると言います。無に等しくされた者の裸の肩の上に王の赤紫色のマントがかけられます。鞭で打たれた後のハリストスのマントです。


――**「殺した」**――

この言葉は淡々としていて孤独な響きを持っています。予感があったにもかかわらず、不意を衝《つ》くかのようです。殺すこと。殺す人にとっても、殺される人にとっても、それは最終地点です。

世界で最初の殺人です。生ける神が世界を創造したのは、命を無限に与える自分の内で生き物を生かすためでした。

神が与えたものを取り除くことのできる者がいるでしょうか。

「それをあえてしようとするお前は何者なのか」。

神の贈り物（イイススその方）を取り除くことはできません。神はしたことを取り消しませんから。

神の贈り物がやって来て、するべき働きをします。永遠に消されることはありません。仮に消すことができたと思ったにしても、よりすばらしく輝くのを見ることになるでしょう。復活のイイススの輝きです。

ナルサイ（5世紀のシリアの師父）
「……殺しを心に宿した者よ。アベルの時から死の道が広くなった。死がますます進んだ。アダムは現実の中で自分もいずれ死ぬであろうと学んだ。偽りのもの（サタン）は、短い間にカインを介して自分の欲望を満足させることができた。死が世界に根ざしたからである」。

9節　主はカインに言われた。「お前の弟アベルは、どこにいるのか。」
カインは答えた。「知りません。わたしは弟の番人でしょうか。」

別の話が始まります。これまで人間は追放された者でした。これからは逃亡する者となります。

――「お前の弟アベルは、どこにいるのか」――

神は「お前の弟アベルは、どこにいるのか」と問います。これは創世記3章9節でアダムに向けられた「どこにいるのか」という言葉と呼応しています。現代人のツィンメルリは、「この2つの『どこ』の中には人間のすべての問題が含まれている」と言います。

最後の審判の時に、私もこの2つの問いに答えることになるでしょう。今日からこの問いに答え始めるべきだと思います。イイススは、最後の審判の日がいつ来るかは、御父以外に誰も知らないと言い、また、すでに自分と共に今日来ているとも言いました。「時は満ち、神の国は近づいた。悔い改めて福音を信じなさい」（マルコ1・15）。「今日、彼の声を聞くなら心を閉じてはならない」（詩編95・7―8）。

神が来る、玄関先にいる、来た。しかしお前はいないのか。お前の兄弟はいないのか。どこに逃げるのか。行く場所はない。とどまり、聞き、帰りなさい。聞くべき声がお前の内に響いている。お前が聞きたくないことはわかっているが、聞かないではいられないだろう。一度聞いたら、聞くことを余儀なくされる。事実を言っているからだ。聞くならば自由を見出せる。逃げながら求めたあの自由とは全く違う、まだお前が理解できない自由である。

――個人主義と逃亡すること――

カインの答えは彼の個人主義を露わにします。彼のものだけではなく、私たちの個人主義も。個人主義はアダムの罪を通してこの世に入りました。死の別の名です。なぜなら個人主義は、自己実現が人との、そして自分の生活の具体的な状況との交わりにあるということを否定しがちだからです。真理は存在するすべてのものの交わりです。もちろん、その交わりから真の存在を持たないものを取り除かねばなりません。例えば、情念、イデオロギー、錯覚、偽り、そしてそれらに基づいて作られた仕組みなどを。

創世記第1章の瞑想を思い出すならば、同じことを言っているのに気付くでしょう。

人は神のイメージと似姿に創造されました。イメージは人が創造された時から人の内にありますが、似姿は一人ひとりの人格にあり、その人の生き方によります。したがって、イメージと似姿は区別するべきものですが、一致しています。イメージが神のありさまに似ていなければ、もはやイメージではなくなります。イメージが似姿になれる唯一の場は、神の真のイメージであるハリストス（コロサイ1・15「御子は、見えない神の姿であり、すべてのものが造られる前に生まれた方です。」）との交わりの中です。

人の真理、また自己実現は、ハリストスとの交わりとハリストスが愛するすべてのものとの交わりの中にあります。

ところが個人主義者は、存在していないものに頼って自己を実現しようとします。その姿はまるで逃亡者のようです。

例えば、どの国においても会社員には有給休暇を取る権利があります。イタリア憲法は会社員に「この権利を捨ててはいけない」（イタリア憲法36条末尾）と義務付けています。それは、戦前、会社員が休みを取らずに会社に尽くすのが美徳とされたことがあったからです。労働者同士の連帯を乱し、社会と家庭生活のバランスを壊すことがないように、憲法に記されています。横の人々と連帯せず、力を持つ人と縦の連帯をする人は偽りに満ちた価値観を持ち、その生き方は個人主義とされています。

10節　主は言われた。「何ということをしたのか。お前の弟の血が土の中からわたしに向かって叫んでいる。

――「何ということをしたのか……」――

ルター

「罪を否認したり言い訳をしたりして遠くへ逃げようとすればするほど、神はあなたに近づき、敵意を持って追い詰め、苦しめる。そこで、最も確かでよいことは罪を告白することである。すると、見なさい、神が勝つことによって私たちも勝つ」。

――「血が叫んでいる」――

タルムード

「実は、ヘブライ語のテキストでは血という言葉が複数形をとっている。この語はアベルの血だけではなく、彼が殺されなかったら生まれたはずの人々の血をも指す」。

イソーダード（シリア）

「血の叫びは正しい人々の声である。彼らは今も神のもとで生きている」。

ベダ

「強い声、血の声。アベルの血のみならず、主のために殺されたすべての人々の血でもある。揺るぎなき信仰と愛の情熱のおかげで、主のために苦しむという恵みを受けることができた。その信仰と愛は、血を流す以前からすでに彼らの叫びだった。……殺された人々の血が主に向かって叫ぶ。彼らの生き方は、死ぬ以前からすでに主に向かっていた。イオアンは、殉教者の魂もまた、死後、この叫びを上げていると私たちに啓示した。『小羊が第5の封印を開いたとき、神の言葉と自分たちが立てた証しのために殺された人々の魂を、私は祭壇の下に見た。彼らは大声でこう叫んだ。〝真実で聖なる主よ、いつまで裁きを行わず、地に住む者にわたしたちの血の復讐をなさらないのですか〟』（黙示録6・9―10）。しかし『イイススの血はアベルの血よりもよく語る』（ヘブライ、12・24）。なぜならば、アベルの血が兄弟殺しへの復讐を求めて神に叫んでいたのに対して、イイススの血は兄弟である信者の救いのために天に声を上げたのだから」。

ルペルトはベダとほとんど同じ言葉で解説しています。

―― 血の叫び ――

モイセ（モーセ）の律法によれば、流された血を土で覆ってはなりません。そうする人は共犯者とみなされます。

それは、流された血が神に祈り、その祈りは必ず聞き入れられるからです。言葉のない祈りであり、叫びです。罪なき人の血であっても、罪人のものであっても、血は叫びます。しかし、罪なき人の血はより雄弁です。放たれた矢のようにまっすぐ神に届きます。

罪ある人の血は雄弁ではありません。叫ぶ権利がないと思い込み、自分の内に閉じこもります。ところが実際は違います。罪人の血も叫ぶ権利があります。後に見るように、神はカインを守る約束をし、彼を殺す者は七倍の復讐を受けると言うのです。

血は命を示し、命は最初の、かつ最終的な贈り物です。生まれる人のか弱い命は最初の贈り物であると同時に、神のもとで永遠に生きるという最終的な贈り物の約束でもあります。

流された血は、命が絶たれて目的まで到達できなくなることを意味します。それゆえ神に叫ぶのです。復讐を叫ぶのです。

復讐とは「死に支配され踏みにじられた世界に再び良い秩序をよみがえらせる」という意味です。

この叫びに対する神の答えがイイスス・ハリストスです。死に支配される人間と同じように血を流して死に入り、復活したハリストスは、さらに終末の時には屠られた子羊の姿でやって来ます。

イイススが死ぬ前に十字架上でした「父よ、彼らをゆるしてください」という祈りによって、死に支配された世界に命の大門が開かれました。これこそが神の復讐であり、神の愛による新しい創造です。

神の復讐とは神の愛ですが、神は血の叫びの中にある悲しみをしっかりと受け止めます。

神のゆるしは水に流すという類のものではありません。

人は「最後の１レプトンまで」（ルカ12・59）罰を受けるでしょう。刀傷のような鋭い痛みを感じ（使徒２・37「人々はこれを聞いて大いに心を打たれ、ペトロとほかの使徒たちに、『兄弟たち、わたしたちはどうしたらよいのですか』と言った。」）、罪におののきながら、苦しむでしょう。人は恩寵とゆるしの世界に入るためにこの狭い門をくぐらねばなりません。これが痛悔です。

——神が一つにしたものを分けてはいけない、あるいは、「個人」から「ペルソナ」へ——

体から分けられ、流れ出た血は死を意味します。それゆえに血は叫ぶのです。最後の晩餐で、イイススは弟子たちに「これは私の体」と言ってパンを、「これは多くの人のために流される私の血」と言ってぶどう酒を渡しました。パンとぶどう酒が分けられていることによって、どの教会も「主の死を告げ、復活を讃え」ます。主イイススは分けられていたものを復活によって再び一つにしました。「神が一つにしたものを分けてはならない」（マトフェイ19・6）とイイススは言いました。これは離婚についての言葉ですが、多くのことについて言えるでしょう。

この世を支配しようとする者はギリシャ語で「ディアボルス」（分けるもの）と言われます。神が一つのものとして造った世界を分けたのはカインではなく、ディアボルスにそそのかされたアダムでした。アダムは創造された時に自分自身をいただいたのみならず、神との交わりもいただきました。この二つの贈り物は区別されるべきですが、実際は一つのものです。区別されるべきなのは、人は神ではなく、神は人ではないからです。まさにその違いのおかげで、真の交わり、自由な愛の関係が生まれます。アダムは一つであるべきものを分けました。人の命（存在）は神との交わりにあり、決して分けてはならないものだからです。一つのものであるのは、人の命（存在）は神との交わりにあり、決して分けてはならないものだからです。これこそが彼の過ちでした。アダムは蛇に、「自分」というものを自分で完成することができるとそそのかされて、園の中央にある木の食べてはならない実を「取って食べ」ました。「取って食べなさい」と言われる前に取って食べましでした。彼は人間として「神のように善悪を知るものとなる」という完成を選び、神との交わりを視野に入れませんでした。

実は、私たちは毎日のようにアダムの過ちを繰り返しています。人は皆、当たり前のこととして、他の人と交わりを持つ以前から一人の人間として成り立っていると考えています。つまり、人は自分の価値によって人として成り立っていると思い込んでいるのです。その価値は、ある時は個人としての価値だったり、またある時には個人が属している国や会社、大学の価値だったりします。上下関係、競争、嫉妬、劣等感、傲慢、警戒心、猜疑心などはその価値観からやってきます。これは人間社会の癌とも言える個人主義であり、原罪のもう一つの名です。

ハリストスの復活によって、人はもはや個人ではなくなります。洗礼を受けた人は個人としては死に、ペルソナとして天から生まれます（イオアン3・5「イエスはお答えになった。『はっきり言っておく。だれでも水と霊とによって生まれなければ、神の国に入ることはできない。』」）。

ペルソナとはなんでしょうか。

- ペルソナとは、自分の存在（命）と、すべての物の存在が一つであることを知り、そのように生きる人です。
- ペルソナとは、自分の敵を愛する人です。神には敵がいないからです（マトフェイ5・44「しかし、わたしは言っておく。敵を愛し、自分を迫害する者のために祈りなさい。」）。
- ペルソナとは、奪われたものを取り返そうとしない人です。すべては神からの贈り物です（ルカ6・30「求める者には、だれにでも与えなさい。あなたの持ち物を奪う者から取り返そうとしてはならない。」）。
- ペルソナとは、天の父を信用しているので、明日のことや自分の体について思い悩まない人です（マトフェイ6・25「だから、言っておく。自分の命のことで何を食べようか何を飲もうかと、また自分の体のことで何を着ようかと思い悩むな。命は食べ物よりも大切であり、体は衣服よりも大切ではないか。」）。
- ペルソナは、人を裁きません。天の父は善人にも悪人にも太陽を昇らせ、雨を降らせるからです（マトフェイ

７・１「人を裁くな。あなたがたも裁かれないようにするためである。」）。

・ペルソナとは、自分の生き方と神の思し召しを一つのものとしていただく人です。

ペルソナとは、新しく創造された世界の新しい人間です。後の世の人間ですが、その「後」はすでに実態を持っています。町を歩き回っても世界中を旅しても、このような人にはなかなか出会えません。見えてくるのはペルソナとは正反対の有り様です。しかし、それらは古い世界の抜け殻です。活気があり、頑丈そうに見えても、この世の有り様は古い世界の抜け殻です。たとえるなら、戦いが終わった場に転がっている鎧でしょうか。戦火を逃れた人がそれを拾って身に着けたなら、一見強そうに見えます。

自分の殻から出て自由になるのは決して簡単なことではありません。天からの力と本人の決心が必要です。すると自分の体を覆っている殻から少しずつ出ていくことができるでしょう。それは生みの苦しみに似ています（イオアン16・20―21「はっきり言っておく。あなたがたは泣いて悲嘆に暮れるが、世は喜ぶ。あなたがたは悲しむが、その悲しみは喜びに変わる。女は子供を産むとき、苦しむものだ。自分の時が来たからである。しかし、子供が生まれると、一人の人間が世に生まれ出た喜びのために、もはやその苦痛を思い出さない。」）。お産には一日かかる難産もあります。キリスト教徒は一生苦しみ続けますが、同時に生まれつつある世界に目を向けて喜びます。ペルソナを見つけたいのなら、聖人の伝記を読むのがいいでしょう。私たちの周りのどこかにいるペルソナは、隠れていたり理解されないことが多いのです。終末の時に教会（全人類）と結婚する御子ハリストスのために御父が準備する偉大な披露宴の席に着く人はペルソナです。ただの客ではありません。

現在、ペルソナという言葉は、人格、特に社会学では社会に適応するための表面的な人格を意味します。ギリシャの師父たちが使っていたペルソナという言葉は、違う意味、もっと深い意味を持っていました。キリスト教的意味で用いたい場合はキリスト教的ペルソナと表現するしかありません。

――相模原障害者施設殺傷事件――

やはり罪なき人が流した血はより強く叫びます。

２０１６年7月26日、神奈川県相模原市で、日本だけではなく全世界を震撼させた事件が起こりました。ある男が、自分の働く施設に入所する19人の知的障がいのある人を殺したのです。その動機は、日本をより美しく、幸せな国にするためということでした。彼なりに預言的な行為をしたかったのかもしれません。

今この文章を書いている時点で、すでに事件から4カ月が過ぎています。最初の2、3週間は、この事件を感情的にだけではなく理性的に読み解こうとする強い反応がありました。しかし今では、ナチスのイデオロギーに影響された異常な男が起こした過去の事件だと思われているように感じます。裁判が始まれば、再び人々の話題に上ることもあるでしょう。

聖書を読む人は、聖書の中に世の出来事を読み解くための様々な鍵を見つけます。これからその鍵を使ってこの事件を読んでいきたいと思います。その前に、この事件の概要を載せておきます。この文章が『師父たちの食卓で』の続編として出版されるにはまだ数年かかるでしょうし、その頃にはこの事件の記憶が曖昧になっているかもしれませんから。

――相模原障害者施設殺傷事件そのもの――

２０１６年7月26日未明、神奈川県相模原市緑区千木良《ちぎら》の障害者施設「津久井やまゆり園」で、ナイフを持った男が入所者を刺し、19人が死亡、職員2人を含む27人がけがをした。警察庁によると、平成元（１９８９）年以降、最も死者の数が多い殺人事件となった。逮捕された元施設職員のＡ（当時26歳）は県警の調べに容疑を認め、「障がい者なんていなくなればいい」などと供述する。

Ａは園内の東側の居住棟の窓ガラスを割って侵入し、職員を結束バンドで拘束し、西側の居住棟に移動しながら所持していたナイフや包丁を使って入所者らを次々に襲った。午前３時ごろに津久井署に出頭した。

Ａは２０１２年12月から津久井やまゆり園に非常勤職員として勤務、13年４月に常勤職員になり、２０１６年２月19日に退職した。

２０１６年２月15日、衆院議長公邸に、今回の事件を示唆するかのような内容の手紙を持参していた。やまゆり園を含む２施設の入所者を殺害するという内容の他、障がい者の安楽死を進める法案を可決するよう求める言葉などが書かれていた。

２月18日には津久井やまゆり園で「重度障がい者の大量殺人はいつでも実行する」などと話し自主退職する。園は県警に通報し、県警は医師の診断をもとに、精神保健福祉法に基づき措置入院させた。入院中に「ヒトラーの思想が２週間前に降りてきた」と発言する。Ａの尿と血液から大麻使用が判明したが、３月２日、病院は症状が緩和されたとして退院させた。

７月26日事件直後の午前２時50分に「世界が平和になりますように。beautiful Japan!!!!!!!」とツイッターに書き込む。自撮写真ではこわばった笑顔を浮かべていた。

「殺害した自分は救世主」「障がい者の安楽死を認めてくれないので、自分がやるしかないと思った」「障がいがあって家族や周囲も不幸だと思った。事件を起こしたのは不幸を減らすため。同じように考える人もいるはずだが、自分のようには実行できない」とも話している。（参考文献『朝日新聞』）

――イデオロギー――

人は矛盾の中で生きるのに耐えられなくなった時、イデオロギーに助けを求めることがあります。この犯罪を起こしたＡも、自分の決意を実行に移すかなり前からイデオロギーに近づいていたことでしょう。

イデオロギーとは世界と歴史に対する全体的なヴィジョンです。理性と感情を含んだ知性の産物で、人はその中に現実では見えない一貫性を見出します。イデオロギーのおかげで善悪の違いがはっきりするため、人はそこに新しいバランスを発見します。そういった傾向のある人は強く明確な動機を得て、平気で常識を踏みにじる鉄の意志でその志を実行します。

イデオロギーには必ず基本となる哲学があり、宗教もその基本として利用されることがあります。イデオロギー化した宗教は大きな災いとなります。

宗教の世界観の中には必ずと言ってもよいほど、説明できない神秘や恩寵、悟りの場があります。宗教がイデオロギー化していく１つの要因は、宗教を少し操作すれば、すべてのことを説明できるようになることではないかと思います。

宗教的な人は、世の中に見られる矛盾や偽りは実は自分の中にあると知っています。

本物の宗教はイデオロギーに対する「解毒剤」です。

日本では戦前に宗教がイデオロギーとして利用され、恐ろしい結果がもたらされました。そのことが人々の骨身に沁みているのでしょう。一般の日本人の中に宗教へのアレルギーのようなものがあると感じますが、そのために正体を現すことなく近寄ってくるイデオロギーから身を守る術を知らないようです。

創世記第3章で蛇はイデオロギーを隠してエバに接近しました。「園のどの木からも食べてはいけない、などと神は言われたのか」と蛇がエバに尋ねると、彼女は「わたしたちは園の木の果実を食べてもよいのです。でも、園の中央に生えている木の果実だけは、食べてはいけない、触れてもいけない、死んではいけないから、と神様はおっしゃいました」と答えました。

この時、蛇は彼のイデオロギーの正体を明かし、こう言いました。「決して死ぬことはない。それを食べると、目が開け、神のように善悪を知るものとなることを神はご存じなのだ」。

蛇はアダムたちが感じていた矛盾を突いたのです。彼らは神を知ることを望んでいましたが、自分の力ではできませんでした。理由もわからず、ただ神に従うしかありませんでした。神がご自分を現す時があるならばその時まで。

ほとんどすべての人がこのような苦しみを持っています。訳もわからず、現実に従わざるを得ません。

Aが従わざるを得なかった現実とは次のように表現できるかもしれません。

どうして、重度の知的障がいを持つ人の世話をして、食事をさせたり、風呂に入れるのだろうか。彼らは明らかに家族の不幸の原因で、社会の重荷だ。なぜだろうか。その理由ははっきりしない。

確かに理由ははっきりしていません。欧米では人道上の問題や人権がよく語られますが、同時に武器を売買して「必要」な戦争をしたりさせたりしています。そのために多くの人々（女性や子供も含めて）が死んでいきます。

欧米は、「キリスト教の文化」を受け継いでいると言いながら、信仰を個人の良心に追いやり、宗教を社会から分離しました。そのため観念的な「キリスト教的価値観」と同じく、漠然とした人間主義に基づいた社会を築くことしかできないのです。こうした漠然としたものは、事実上、自然淘汰を認める資本主義という社会の肌に塗った湿布のようなものです。

日本も同じ路線を進んでいます。今のところは戦争をしていませんが、矛盾はあります。学校教育は勝ち組に入るための社会的力をつけることを教え、その結果、負け組も増えています。かつては会社員には終身雇用が約束されていましたが、その一方、男性は仕事から帰るのが遅く、女性に家事や子供の教育の負担がのしかかっていました。疲れて不満を持つ母親から子供は重圧を感じ、自分の生活の中に魅力的な生き方のイメージを見出ませんでした。今では雇用形態が不安定になり、正社員が減り、共働きの家族が多くなりました。大部分を占めていた中間層が崩壊し、貧困が少しずつ社会の中に浸透してきています。有名大学を卒業し大企業の正社員となっても、その職を失わないために、まるで奴隷のように月に80時間、時には100時間以上の残業をせざるを得ないこともあります。

彼らの中には神経衰弱になる社員も多く、過労のために自殺する人さえいます。これらは氷山の一角にすぎません。

残業時間を制限する一時しのぎの法律はありますが、法は簡単に骨抜きになり、人々はこういった日本社会の矛盾の中から抜け出せずに苦しんでいます。

Aは社会の矛盾にきっと苦しんだことでしょう。他の仕事に就いていたならば、おそらくこれほど明確で残酷な事件を起こして矛盾を突くことはなかったでしょう。大多数の人と同じように、この矛盾は陰に隠れていたのではないでしょうか。彼は就いた職業のために、そしておそらく、自分の矛盾する感情を理性的に装う傾向があっためために、ナチズムのような全体主義の国々に共通するイデオロギーに頼ってしまったのでしょう。このことは「Ａはナチズムに影響された精神を病んだ特殊な人だったのだ」として安心できることではありません。

血が叫びます。Ａにだけではなく、むしろ私たちに、社会に対して叫びます。

―― 聖書に鍵を求めて ――

たとえば、歩き疲れたイイススがサマリアのシケムの井戸の縁に座っていた時に言った言葉を聞いてみましょう。主の疲労は受難であり、シケムで言った言葉は十字架上で言った言葉と同じです。

サマリアの女が水をくみに来た。イイススは、「水を飲ませてください」と言われた。弟子たちは食べ物を買うために町へ行っていた。すると、サマリアの女は、「ユダヤ人のあなたがサマリアの女のわたしに、どうして水を飲ませてほしいと頼むのですか」と言った。ユダヤ人はサマリア人とは交際しないからである。イイススは答えて言われた。「もしあなたが、神の賜物を知っており、また、『水を飲ませてください』と言ったのがだれであるか知っていたならば、あなたの方からその人に頼み、その人はあなたに生きた水を与えたことであろう」（イオアン４・７―10）。

この話をイコンを見るように眺めてみましょう。このイコンは、聖書が私たちに与える『相模原障害者施設殺傷事件』を読み解くための1つの鍵かもしれません。

水は命です。生きた水、永遠の命を与える方は、井戸の水を汲む物さえ持たない者としてやって来ます。女が彼に水を与えなければ、彼は飲めません。

彼自身が神の贈り物で、上からやって来ます。しかし、そのような方とは誰も知りません。下から来て、助けを求める者だと思われています。もし「上から来る方」と知っていれば、誰もが彼を受け入れるでしょう。すると、イイススはもはや贈り物ではなくなってしまいます。また、「下から来る人」と思うなら、誰が彼を受け入れるでしょうか。しかし、彼を受け入れる人は、彼を今まで知らなかった「神の贈り物」であると発見し、自分の力では汲むことのできない生ける水を彼に求めるでしょう。

この鍵を使って『相模原障害者施設殺傷事件』を読み解いてみると次のようになると思います。

障がい者、特に完全に他者に依存するしかない人が「水を飲ませてください」と頼むイイススであると理解できます。人はそのように頼まれると、大抵はサマリアの女よりも優しいので、すぐに水をあげます。しかし、それでは二人の関係はそれ以上発展しません。頼む人はいつまでも下の立場で、頼まれる人は上にいます。この関係は固定しています。幸いなことにサマリアの女は親切ではなかったので、イイススは固定してしまっている関係を正すよい機会をつかむことができました。

「もしあなたが、神の賜物を知っており、また、『水を飲ませてください』と言ったのがだれであるか知っていたならば、あなたの方からその人に頼み、その人はあなたに生きた水を与えたことであろう」。上下関係が逆転しました。立場の弱い人々がハリストスを代表するのです。

これは1つの考え方でも、理想でも、哲学でも、宗教でもありません。岩のように動かし難い事実です。

しかし、どうしたらこの隠れている真実を日本社会で具体化することができるのでしょうか。私には答える力がありません。ただ、政府は社会福祉の現場で働く人の給料を上げるべきだと思います。そして、健常者と障がい者が共にこの尊い真実を生きる場所を作るための条件を緩和するべきではないでしょうか。また、マスメディアやオピニオンリーダーを通じて社会の気質が少しずつ変化するように働きかけることも可能ではないでしょうか。

障がい者は社会に対して他の誰にもできない貴重な奉仕をする役割を持っています。どの障がい者も家庭や各々に適した学校で教育を受けた後、この役割を果たすために社会に入ります。重い障がいを持った人の多くは施設に入所することによって社会に入るでしょう。この役割とは社会を清めることです。社会を清めるとは、命が贈り物であるということを身をもって教えることです。彼らが様々な形で社会に入ることは、水を浄化するために炭を入れることにたとえられます。

――身近にいる人ほど嫌われる場合――

カインがアベルに我慢がならなかったように、私たちもそばにいるアベルに我慢できません。人が自分自身であるためには神や他者に愛されるだけで十分だとは思わないようです。まずは自分自身であることを望みます。そして、もしその気になったら神や他者との交わりに入ります。この瞬間、その人の意識の場にカインが登場します。もしこのカインが自分に自信があるならば、アベルを無視し、彼と距離をとって我慢します。しかし、もし自分に自信がなかったら、彼を憎悪し、我慢できないことでしょう。

私が日雇い労働者だった時、ブルジョワの中にしか日雇い労働者と連帯して活動する人がいないことに驚きました。工員は日雇い労働者に共感しませんでした。

それは、ブルジョワには金銭的な不安がなく、日雇い労働者に自分の身を重ねることがないからでしょう。一方、工員にとって日雇い労働者とはそうなるかもしれない、そうなりたくない存在なのです。

私たちは、人の世話にならなければ生きていけないと感じることに我慢できません（実は誰でも自分の力だけでは存在できないのですが）。生活が安定し安心している時でも、私たちの心の奥底には深い不安が潜んでいます。

重い障がいを持つ人を見ると私たちが居心地の悪さを感じるのはそのためでしょうか。

――アベルとカインの違い――

以前、福音の中にアベルとカインの姿を探した時、ベタニアのマリアや放蕩息子、ザアカイなどに目を留めると、マルタ、放蕩息子の兄、エリコの町の主だった人たちの中にカインの姿が見えてきました。アベルとカインの違いを簡単にまとめると次のようになるでしょう。アベルは「自分という壊れやすい器を神の存在や主の訪れで満たす者」であり、カインは「自分という壊れやすい器を自分の行い、努力、勝利、敗北などで満たす者」です。

アベルには人間本来のありさまが見られます。土から造られ、神との交わりの中で生きています。カインはアダムとエバの長男であり、両親の過ちの形跡があります。アベルは次男ですが、聖書にしばしば出てくる「後から来るものが先にあったもの」（イオアン１・30）です。

どの人の中にもアベルとカインがいます。普通はカインの方が先に現れます。そして神との出会いの中、ハリストスの訪れの時にアベルが後から現れます。後から現れるものが先にあったのです。

すべての人の中にアベルは潜んでいますが、重い障がいを持つ人は特にアベルの印《しるし》のもとにいると言えるのではないでしょうか。シリアのイサク（８世紀）は「彼らは宇宙と共に完成されるだろう」と言いました。

イサクは何を語りたかったのでしょうか。その答えをマクシモス（７世紀）に求めてみます。マクシモスは難しく感じられますが、常にものごとを部分的ではなく、全体的に眺めて語ります。彼はナジアンザスのグレゴリオス（４世紀）の文「すべてのものの本質が新しくされ、神は人間になった」を次のように説明しています。

マクシモス

「ハリストスは自分の内ですべてのものを一つにまとめた。そのようにして創造された世界が一つであることを示した。まるで一人の人間のようで、数多の部分がお互いにつながり、すべての動きがその中心に向かう。このすべての動きの観念（ロゴス）は単純で唯一、無限で分割し得ないもので、『すべてのものが各々、神によって無から存在に呼び出されたものである』というロゴスである。よって全世界は唯一で同じロゴスを受け取ることができる。なぜなら『存在している』ことより『存在していなかった』ことをはるか昔から持っているからである」（『アンビグア』41・1312B』）。

すべての物、人は「有る」ところではなく「なかった」ところに基を置いているので、それぞれの違いを活かしながら一つになり、破滅を免れます。

この基はアベルの場です。アベルの名について、以前にも見たように、親は何も説明していません。ヘブライ語の Hebel（息、または無）の響きを持っています（フォン・ラート）が、説明はありません。ハリストスは自分について「わたしはアルファでありオメガである。初めであり、終わりである」（イオアンの黙示録21・6、２・８）と語ります。正教会は復活のトロパーリで同様に歌います。「ハリストスは復活して、死をもって死を滅ぼし（アルファ）、墓にいる者に命を給えり（オメガ）」。

アルファはアベルの場で、オメガもまたアベルの場です。

シリアのイサクはこう言いたかったのです。「彼らは宇宙と共に完成されるだろう」。

長い脱線をしてしまいました。創世記第４章を思い巡らしている間に『相模原障害者施設殺傷事件』が起こり、それから目をそらすことができませんでした。

さて、カインとその問題に戻ります。

11節　今、お前は呪われる者となった。お前が流した弟の血を、口を開けて飲み込んだ土よりもなお、呪われる。

――「呪われる者となった」――

プロコピオス

「なぜ神は、カインには『呪われる』と言い、アダムにはそう言わなかったのかと自問できよう。それはアダムが神からの息をいただき光栄をもっていたからである（創世記２・７）。同じくノアも罪を持つハムを呪わなかったが、彼の孫のカナンを呪った（同９・25「カナンは呪われよ　奴隷の奴隷となり、兄たちに仕えよ。」）……それはハムが神から祝福をいただいたからである（同９・11「わたしがあなたたちと契約を立てたならば、二度と洪水によって肉なるものがことごとく滅ぼされることはなく、洪水が起こって地を滅ぼすことも決してない。」）」。

ベダ

「カインは……彼の両親よりも重い罰を受けた。それまでは清かった土地が弟の血で汚され、彼自身が呪われる者となった」。

聖書の訳によってわずかな違いがあります。『エルサレム聖書』の訳では「呪われたカインは肥沃な土地から離れねばならない」とあります。ラーシと幾人かのユダヤの解釈者による訳では「土地よりもなお呪われる」とあります。日本の新共同訳はラーシのように解釈しています。

ともかく、神が直接に「お前を呪う」と言わず、「呪われる」と言ったのは確かなことです。母なる土地と兄弟殺しは相容れないものです。土地は彼を拒否します。土地は動けないのでカインが離れねばなりません。

神は自ら罰しませんが、かき乱された自然や社会が罪人を罰するがままにします。

土地は血も男の種も飲み込んではいけません。血も男の種も命であり、それは神から来て、神にのみ返されるべきものですから。

祝福も呪いも宿命ではありません。祝福は正しい関係の実りであり、呪いは、土に水が足りずに植物が棘を出す時のように間違った関係で生じる棘です。

12節　土を耕しても、土はもはやお前のために作物を産み出すことはない。
お前は地上をさまよい、さすらう者となる。

創世記４章12節

カインの地は固くなり、実りをもたらさなくなりました。私たちが住むこの世界です。私たちもさすらう者、根なし草なのかもしれません。強い根を持つ人は、たとえ不運にみまわれ根無し草となっても、別の土地で同じように根を張ることができます。それによって自分と属する民の生命力を証明します。しかし再び根を張ることができない人は、さすらう者と言えるでしょう。

――根――

人は自分の中に根を持っています。人は、神にこねられて形作られた地です。どこへ行こうとも、人は自分の地を持って行きます。しかし神から離れてしまうなら、どこで自分の地を持つことができるでしょうか。人の根はその宗教です。その宗教は自分の属する民の宗教でもあります。民なくして宗教は存在しないはずです。

地上に宗教のない民がいるでしょうか。いないと思います。現代社会の中には「私は宗教を持たない」と主張する人が少なくないにしても。

――不安定で落ち着きがない――

プロコピオスの『鎖』

「ヘブライ語には『不安定で落ち着かない』という言葉がある。体が絶えず震えていると言う人がいる。また、じっと落ち着いていることができないために仕方なく土の仕事をしているが、休みたくても休めず、その上、自分の疲れを癒すだけの実りは土地から得られないと文句を言う人もいる」。

ルター

「カインは、たとえ全世界を所有したとしても、神による救済の約束がない身になったので、本当にさすらう者、根無し草となった。人の助言以外には頼るものがなくなった」。

13節　カインは主に言った。「わたしの罪は重すぎて負いきれません。

ここにも11節と同じく、ヘブライ語聖書とギリシャ語聖書の間にはちょっとした違いがあります。ヘブライ語では疑問文になっていて、ギリシャ語では平叙文です。

ラーシ

「これは問いの文である。カインはこのように言わんとする。『あなた（神）は上の世界と下の世界を負えるのに、私の罪は重すぎて負うことができないのですか』」。

カインの態度はとても尊大です。

大部分の訳はギリシャ語の句読点に倣っています。それは教会の伝統的な訳です。

ルター

「カインは自分の罪を認める。しかし、罪を犯したことよりも受ける罰のことで悲しむ。この文章は問いではなく平叙文であり、激しい絶望を表す」。

ルペルト

「絶望し、神の慈悲を正しく受けとめていない」。

もちろんカインはイイススを知らないので、神の慈悲を知ることはできません。しかし、多くのキリスト教信者も主のことをよく知らないので、神の慈悲について正しく理解できません。

悪魔に影響されて、人は自分の罪と神の慈悲を分けます。神の子は「肉となって来られた」（イオアンの手紙一４・２）ので、すべての面で人に等しい方です。つまり、パウェルが言うように「罪と何のかかわりもない方を、神はわたしたちのために罪となさいました」（コリントの信徒への手紙二５・21）ということです。それを信じるとは神の愛を信じることです。「神が一つにしたことを分けてはいけません」。

14節　今日、あなたがわたしをこの土地から追放なさり、わたしが御顔から隠されて、地上をさまよい、さすらう者となってしまえば、わたしに出会う者はだれであれ、わたしを殺すでしょう。」

――罪と慈悲――

カインの言葉から、彼がいかに自分をかわいそうだと思っているかがわかります。自分にすべての原因があるとは思わず、神に追放されると思っています。ところが神は彼を直接的には追放しません。土地が彼を追い出すがままにするのです。

苦しみに出会った時、それを神の「罰」だと思うことは一理あります。ダビデ王が言うように「大変な苦しみだ。主の御手にかかって倒れよう。主の慈悲は大きい。人間の手にはかかりたくない」（サムエル記下24・14）と思うなら、自分を神の手に渡すことになります。つまりどの苦しみも（どの罰も）神の慈悲だと考えるなら、その苦しみは神の導きであり、すばらしい道の始まりであると認識できるのです。この認識は偽りではなく、まさに真理です。自分の十字架を背負って歩いているイイススの道です。あの十字架は決して主のものではありませんでした。私たちが彼に背負わせた十字架でしたが、主は自分の十字架として背負って歩いて行きました。

詩編23は言います。「主は御名にふさわしくわたしを正しい道に導かれる。死の陰の谷を行くときもわたしは災いを恐れない。あなたがわたしと共にいてくださる。あなたの鞭、あなたの杖、それがわたしを力づける」。

――カインは何を恐れていたのか――

フィロー

「カインは何を恐れていたのか…まず、みずからの犯した罪のために自分の子孫に嫌われ、殺されるのではないかと恐れていた。そして神の復讐を恐れ、自然が悪人を罰するために造った獣や蛇に襲われると怯えた」（プロコピオスの『鎖』）。

フィローはユダヤ人でしたが、アレクサンドリアの師父たちに尊敬され、彼の聖書の解釈はよく用いられていました。

フォン・ラート

『肥沃な土地から私を追放する』というテーマは真に神秘的なものである。よく耕されて豊かな地は神に祝福された空間であり、礼拝の場とみなされている」。『わたしに出会う者はだれであれ、わたしを殺すだろう』。カインは神から離れた生き方が、神から守られないものであると気付いている」（フォン・ラート『創世記』）。

神から遠いとは距離のことではなく、神との相違点があるということです。人間は神の形に似せて創造され、その似姿になるために造られたので、神との相違は人にとって自分自身からの距離なのです。

15節　主はカインに言われた。「いや、それゆえカインを殺す者は、だれであれ七倍の復讐を受けるであろう。」主はカインに出会う者がだれも彼を撃つことのないように、カインにしるしを付けられた。

これはカインに対する神の不思議な庇護を表す節です。

カインの言う通りでした。彼にはもはや地上のどこにも場がありません。自然は独自の法則を持ち、そこには慈悲というものは存在しません。

それに対して、神は厳しさの中にもご自分の慈悲深さを見せます。アベルの仇を討つことなく、カインを自然の法に任せます。そして、「カインを殺す者は七倍の復讐を受けるであろう」と、思いがけないことを言います。

それについてどのように考えればいいのでしょうか。

福音書は、カインのための七倍とレメクのための七十七倍（創世記４・24）を関連付けています。しかし復讐ではなく、ゆるしについてのイイススの言葉を伝えます。

「そのとき、ペトロがイイススのところに来て言った。『主よ、兄弟がわたしに対して罪を犯したなら、何回赦すべきでしょうか。七回までですか』。イイススは言われた。『あなたに言っておく。七回どころか七十七回までも赦しなさい』」（マトフェイ18・21―22）。

この後の24節で、人殺しに対する神の不思議な庇護について福音書と合わせて思い巡らせることにします。

――カインの額の印《しるし》――

プロコピオス
「神がカインを殺さなかったのは、彼が人のためになる存在だと思ったからだろう。罪を犯す前から彼を励まし、良い方向へ導こうとしていたが、彼は受け入れなかった。今回は回心する時間を与えた。カインへの罰が他の人への戒めになると思ったのだろう」。

ケサレアのアカチオ

「殺しに殺しを重ねることによって、人がますます呪われたものにならないように神はカインを守った」（プロコピオスの『鎖』）。

タルグーム（ヨナタン）

「額に神の偉大な、栄光ある名の（JHWHのうちの）一文字を刻んだ」。

このタルグームの解釈は、ヘブライ語の「OT」という言葉の二つの意味「印」と「字」に基づいています。カインは御名、聖なる四文字の名前JHWHに守られています。

エゼキエル書9章4節には、エルサレムで行われている忌まわしいことのために嘆き悲しむ者の額には、ヘブライ語のアルファベットの最後の文字T（タヴ）という印があるとあります。エゼキエルに着想を得て、ヨハネの黙示録7・3（「我々が、神の僕たちの額に刻印を押してしまうまでは、大地も海も木も損なってはならない。」）にはまた額の刻印が出てきます。どのような印であるかは書かれていませんが、エゼキエルと同じく神に属する人々を見分けるものです。

カインの印については、それを見れば誰も彼を殺さないだろうとしか書かれていません。

しかしタルグームはこの文字通りの解釈を一気に超えます。カインを、年に一度、神のゆるしを祝うYom kippurの日に、大祭司だけが口にすることが許された御名JHWHの庇護のもとに置きます。この名前はイスラエルの先生たちが教えているように神の慈悲を表すものです。出エジプト記34・6「JHWH、JHWH、憐れみ深く恵みに富む神」に基づきます。

希望を表す不思議なマイル標石が神から離れる人間の悲しい道に点々と置かれています。ハリストスを暗示します。
カルヴィンの解釈は少し違います。「カインの印はすべての人に恐怖を与えるものだった。なぜなら、そこに人を殺した者への神の恐ろしい裁きを見たからである」。

16節　カインは主の前を去り（神の顔から出た）、**エデンの東、ノド**（さすらい）**の地に住んだ。**

――神の顔――

ディディモス
「『神の顔から出た』。この『出た』とは場所から出たと理解してはいけない。同じく『神のもとに入る』も場としての意味ではない……外面的なもの、五感でとらえた現実や罪から離れた時に、神のもとに入ることができる。カインは神の顔にふさわしくなくなったので、『御顔から出た』のである」（プロコピオスの『鎖』）。
プロコピオスは自分が書いた『鎖』の中で、聖書の解釈が異なる流派の人々の言葉を忠実に伝え、それに対する自分の意見を決して記しませんでした。
私はあえて、ディディモスのこの解釈について一つの見解を述べたいと思います。

ディディモスが生まれたアレクサンドリアには、教会がギリシャ文化に受け入れられるように熱心に活動した先生たち（ユスティヌス、クレメンス、オリゲネスたち）の流れがありました。ユスティヌスは「神を理解できるのは人間の知性のみである」（Trifo との対話『To Theon… mono no Katalepton』）と書いています。その中で、神は霊であり、人も霊なので、人が自分の肉体や物質の世界から離れるならば神のもとに入ることができるというギリシャ思想をキリスト教と結び付けようとしました。もちろん彼は熱心なキリスト教徒でした。

実は、このアレクサンドリアの先生たちの活動はすぐに行き詰りました。本流となったのは１世紀に始まった主教たち（アンティオキアのイグナチオス、リオンのエイレナイオス、アレクサンドリアのアタナシオス、カッパドキアの主教たち）です。彼らはハリストスの聖体礼儀を囲む共同体の指導者としての体験をふまえて、聖書のユダヤ的な世界観を保ちました。本質的に神と世界との接点はないので、人は知性をもって神に達することはできないという世界観です。つまり神は、人間にとって知り得ない（Akataleptón）お方ですが、「来るお方」です。「ハリストスが肉となって来られたお方」（イオアンの手紙一、４・２）なのです。

この２つの流れはアプローチの仕方が異なっていても、信仰生活において、欲望や情念から離れる必要があるというのは共通の教えだったので、事実上共存していました。

プロコピオスは難しい教義は脇に置いて、教会の声を忠実に伝えることに専念しました。

カインは慈悲を知らなかったので神の顔から離れたのです。

ルター

「聖書では、神がその存在を現すことを『神の顔』と言う。旧約聖書では、火の柱（出エジプト記13・21）、雲

(同)、祭壇（出エジプト記25・17）が神の顔だった。新訳聖書では、洗礼、主の晩餐、みことばの奉仕などである。

目に見えるこれらのものを通して、神は私たちの近くにいて、私たちを大切に守ることを示している。カインはこの場所から出て、他の場所に行った。神が近くにいることを示すものが一つもないところ、すべての生き物に平等に与えられる太陽と月、夜と昼、水と空気の他には、慰めになるものがないところへ行ってしまった」(『神の顔』)。

――エデンの東のノドの国――

タルグーム

「カインがまだアベルを殺す前には、地はカインにエデンの園にいた時と同じ豊かな実りをもたらしていた。しかし殺しの後では、彼に棘のあるいばらをもたらすようになった」。

フォン・ラート

「ユダヤ人たちは『Nod』という名に『Nad（追放された者）』という自分たちの言葉を連想し、『不安の国』だと感づいていた。この4章には追放された人の最初のイメージが見られる。恐ろしいイメージである。罪は大きくなり、人を完全に征服した。人は最初から人殺しである。物語は人間を語る。そして人間の様子は、原始的な暴力のイメージの中に表される」。（フォン・ラート『創世記』）

17節　カインは妻を知った。彼女は身ごもってエノクを産んだ。
カインは町を建てていたが、その町を息子の名前にちなんでエノクと名付けた。

――「町を建てた」――

まず、カインがさまよう身でありながら町を建てたことに驚かされます。まだそれほど人がいないこの世界に町を建てるとはどういうことでしょうか。しかし聖書の最初の11章までは、人類の原始の話ではなく、エデンの東に生きている私たち人間のことを語っていることを思い出す必要があります。創世記11章までは人類の罪が深くなっていく過程を語っています。

聖書において、すべての町は背信の場です。エルサレムでさえ最大の背信の町となりました。主イイススはその城壁のすぐ外で磔になりました。

「どうして、遊女になってしまったのか、忠実であった町が。そこには公平が満ち、正義が宿っていたのに、今では人殺しばかりだ。」（イザヤ書１・21）

パウェル

「しかし、罪が増したところには、恵みはなおいっそう満ちあふれました。」（ローマの信徒への手紙５・20）

町は背信の場でありながら、救いの場でもあります。

――この世の暗号である町――

聖書で町といえば、ティロ、シドン、バビロンといった豊かで大きなものを忘れることはできません。その滅亡は哀歌のように詠われますが、神の民の喜びの歌として終わります。聖書を貫くテーマです。イザヤ書第23章、エゼキエル書第26章、黙示録第18章と第19章にあります。

アメリカのトラピスト修道司祭であるトマス・マートン（代表作『What is contemplation?』）はこのテーマから着想を得て、ニューヨークを嘆く詩を書きました。

ニューヨークよ

ニューヨークよ
お前を悼む月が
いっそう青褪めた面持で
瓦礫の隙間をのぞきこむ
お前の気取った歌声に耳をそばだてるが

もはや聞こえてこない
………
焼け崩れたビルの灰は
いまだ煙とともに舞い上がり
お前の葬式を覆っている
炭火が墓碑銘を刻んでいく
「ドル札で着飾ったニューヨークは
　400年生きた
　脈には硬貨が流れ
　7つの海の富と権力を愛した
　栄華を誇ったどのテュロスの港よりも
お前のエメラルドの港は輝いていた
　機械のように心を持たず
　傲慢な、氷のような青い目で
　町の600万人もの貧者を睨んでいた
　今は死んだ
　突然の真理の訪れに恐れおののき
　自分の井戸の毒水に溺れ死んだ
　………」

星よ
かくも長きにわたって
こんな曲者の存在を許したことを
どうやって詫びようか

……

―― 町と教会 ――

天から降りてくる新しいエルサレムは救いの町です。神に建てられたものです。その完全な形はヨハネの黙示録第21章10―27節に示されています。

しかし今、町は私たちが住むあいまいな場所です。初代教会の頃、信者たちの共同体は町にしっかりとした根をはっていました。

キリスト教徒でない人は英語で「pagans」、つまり「pagus の住民」と呼ばれ、村で暮らしていました。「pagus」はラテン語で「田舎」の意です。おそらくどの時代でも、田舎の人々にとってよそ者とその考え方は受け入れがたく、初代教会も村で根を張るのは難しかったでしょう。

それに対して町は、土地を持たない人、故郷に戻れない人、難民や移民の場でした。彼らは後に商人や職人となり、豊かになっていきました。ローマ（兄弟殺しの上に建てられた町）も、エトルリアの町から追放されたり、自分の村にいられなくなった人々によってできたものです。

12世紀のプロヴァンスのトロネ地方ではカタル人や他の異端者たちが迫害されました。そのとき彼らは山ではなく、北イタリアの都市国家（ミラノやクレモナなど）に逃れました。都市国家は彼らを様々な同業組合に受け入れ、その迷路のような地区に住まわせました。そこには皇帝の兵士も法王の宗教裁判の役人もあえて入り込もうとはしませんでした。もしそこに入ったら、生きて帰ることはないと知っていたからです。

師父たちにとって、町はこの世の暗号に他なりません。彼らは教会の信者を、この世に安定した住まいのない巡礼者として書いています。町を田舎に対する場所としてではなく、この世的な場として語っています。信者たちはこの世に属する者ではありませんが、この世にいます。

――町と師父たち――

アウグスティヌス

「カインは町を建てた。対してアベルは巡礼者らしく、どんな町も建てなかった。聖なる者の町は天にあるが、その住民はこの世に生きる。聖なる者の国が成り立つまで、彼らはこの世で巡礼しながら生きる。その時が到来したら、体が復活した人々は集められ、約束の地を受け継ぎ、彼らの王と共に終わりのない命を生きるであろう」。

ベダ

「世の始まりにおけるアベルの死は聖人たちの苦しみの、カインの兄弟殺しは心の曲がった者たちの悪意の前表である……このような苦しみと悪意は世の終わりまで続くであろう……同じくカインの建てた町は、悪人たちの望みがこの世での幸せと富のみであると象徴的に示している。彼らは後の世に対する信仰も望みも持たないのである」。

ルペルト

「地に町が建てられた第一の原因が人殺しだったことは注目するべきことである。追放されてから、すなわち主の御顔から離れた後、カインは自分を守るために町を建てた。もはや天の町に自分の場はないと考えたのである。この世的な幸せを求めるお祭り騒ぎにはいそいそと駆けつけ、来たるべき神の子の王国の開会式には期待を抱かない人は皆、カインに似ている」。

プロコピオス

「聖人たちは『この地上に永続する都を持っておらず』（ヘブライ人への手紙13・14）と言い、『人生は巡礼である』（ペトロの手紙一1・17）と言う。一方罪人たちはこの世的なので、地上に自分の場を持ち、町を建てる。聖ダビデ王は彼らのことを思い、こう書いた。『自分の土地を自分たちの名前で呼ぶ』（詩編49・12）」。

イスラエルの先生（ラビ）たち

「町を建てた……この言葉はカインの人柄を表している。地から追放され、ハシェム（神）と人々に見放されたカインには自分の能力しか残っていなかった。それを使って町を建てた」。

ラーシ

「息子エノクの思い出を残すために、町をエノクと名付けた」。「一人ぼっちになって、カインは人殺しが逃げる東の方へと離れていった。つまり逃げ場として町がある。申命記４・41に『モイセはその後、ヨルダン川の東側に三つの町を定め……隣人を殺してしまった者をそこに逃れさせ、その町の一つに逃れて生き延びることができるようにした』とあるように」。

ラビたちはカインに一定の理解を示しています。師父たちには見られないことです。

18節　エノクにはイラドが生まれた。イラドはメフヤエルの父となり、メフヤエルはメトシャエルの父となり、メトシャエルはレメクの父となった。

この節では４世代の名前を並べてレメクに至ります。レメクはカインから数えて６番目の世代で、その子らは７番目の世代、洪水の世代となります。こうして洪水の物語がひそかに始まります。

19節　レメクは二人の妻をめとった。一人はアダ、もう一人はツィラといった。

教会の師父たちも中世の解釈者たちも、この節にあまり興味を示しませんでした。

カルヴィン

「これは一夫多妻の始まりである……神は二人が一つの肉となるように命じ、またそれは自然の不変の原則である。しかし今、レメクは神を無視し、自然の義を曲げた」。
カルヴィンはこの節に、神が造った自然から離れていく人の動きを読み取ります。

イスラエルの先生（ラビ）たち

「二人の妻、それは洪水の時代の習慣だった。彼らは子を作るために一人の妻を、楽しみのためにもう一人の妻を持っていた。後者は妊娠を予防する草の茶を飲まされ、花嫁のように着飾り、よい食事があたえられた。対して前者はみじめな状態に置かれ、まるで未亡人のようだった」。
ラーシも二人の妻という習慣に滅びるべき世界を見ました。

20節　アダはヤバルを産んだ。ヤバルは、家畜を飼い天幕に住む者の先祖となった。

ベダ

「カインの子孫が7世代数えられている……すなわち、霊的な意味において、悪しき者たちの町がこの世の6つの世代の間に、その罪のために滅びていき、そして7番目の世代、つまり後の世界で永遠に消えることが示されている。その証拠にアダムの7番目の子孫であるエノクが天に上げられた（創世記5・24）のに対して、カインの7番目の子孫のヤバルとその兄弟子孫は洪水によって滅ぼされた」。

21節　その弟はユバルといい、竪琴や笛を奏でる者すべての先祖となった。

ヤバルはベドウィンの先祖で、弟ユバルは竪琴と笛を奏でる人々の父となりました。ラーシは二人の兄弟を同じ罪に括ります。ヤバルは偶像のためのテントを作り、弟は偶像を崇拝する音楽を奏でました。この解釈はヘブライ語のミクエート（羊と牛の群れ）とマクエート（嫉妬をおこす、偶像を拝む）という似た発音を持つ2つの言葉から生まれたものであるとラーシは説明します。ユダヤ人の伝統は、悪がここから広がっていくというテーマを読み取ります。

またベダも、レメクの子らのさまざまな仕事や技術の中に、この世に対する度を超えた望みを見ています。ベダは、元来の単純さから離れてしまった人間社会にこういった仕事の必要性を認めていますが、神を褒め称えるためにそれらを利用するのにはどこかいかがわしさが感じられます。

22節　ツィラもまた、トバル・カインを産んだ。彼は青銅や鉄でさまざまの道具を作る者となった。トバル・カインの妹はナアマといった。

ラーシはこの節を「トバル・カインは人殺しのための武器を作ることによって、カインの技術を完成した」と解釈します。ここでいう技術とは殺すことです。

残念ながらカインの技術は洪水によって消えることなく、今日ますます発達しています。

私たちはカインの末裔《まつえい》であることを知っています。カインの技術は、言葉で、沈黙で人を殺すことができるほどに、また、会社員が奴隷のように働かされ死に追いやられるほどに発達しました。

トバルの妹はナアマです。

ベダ

「ナアマは『快楽』という意味である。カインの子孫はこの女の子の誕生によって終わる。彼女がナアマと呼ばれたのは、神から離れた者の思いがすべてこの世の楽しみに向かい、肉欲の満足の内に人生を終えることを望んだからである。しかしナアマの誕生のすぐ後に、この呪われた世代は洪水によって消されることになった。楽しみに支配された魂を持ちながら、『平和で安全だ』と言っていたその矢先に、突然、彼らの上に破滅が襲いかかった（テサロニケの信徒への手紙一 5・3「人々が『無事だ。安全だ』と言っているそのやさきに、突然、破滅が襲うのです。ちょうど妊婦に産みの苦しみがやって来るのと同じで、決してそれから逃れられません。」）」。

23節　さて、レメクは妻に言った。

「アダとツィラよ、わが声を聞け。
レメクの妻たちよ、わが言葉に耳を傾けよ。
わたしは傷の報いに男を殺し
打ち傷の報いに若者を殺す。

――レメクの歌――

ギリシャ語とラテン語の聖書では、23節のレメクの言葉を強く断定的なものだと捉えます。つまり教会の伝統は、この節を粗野な自己実現の歌として解釈します。

フォン・ラート
「これは人間が共生するのを徹底的に妨げる粗野な自己実現の歌である。レメクはカインが神からいただいた保護に満足せず、度を超えた復讐を行うことを自慢して歌う」。

「目には目を、歯には歯を」という法は、この度を超えた復讐を抑制しようとするものでした。復讐を認めるというより、侮辱された者が怒りと力にまかせて過度の復讐をするのをいさめるものです。これはすでにハムラビ法典にありました。聖書は実際、復讐は神に限ると言います。

レメクは妻たちに、自分の執拗で凶暴な力を自慢しています。

この節を読むと、古代ギリシャの詩人、傭兵アルキロコスの短い詩を思い出します。

「一つの偉大なことを知っている。
おれに悪事を働いた者には、より恐ろしい仕返しをするのだ」。

今日でも南地中海の国々では、家族や部族を守るための復讐の義務が存在します。もちろん法に反するものですが。

世界に悪が満ちていく第4章の文脈において、この解釈は目新しいものではありませんが、納得のいくものでしょう。

――ラビたちの伝統――

イスラエルの先生の書物では、このレメクの言葉は疑問文として次のように理解されています。

「アダとツィラ、レメクの妻たちよ、わが声を聞け、わが言葉に耳を傾けよ。なぜならば、わたしが傷を負わせて男を殺したのか、または、わたしが一撃を与えて若者を殺したのか」。

ラーシはこの文をこう解説します。

「レメクがこのように問いかけたのは、彼が自分の先祖のカインと自分の息子トバル・カインを殺してから、妻たちが彼との交わりを避けたからである。レメクは目が不自由だったので、トバル・カインが父の手助けをしていた。ある日カインを見かけたトバルは野生動物だと勘違いし、父に矢で射るように言った。こうしてレメクはカインを射殺してしまった。そして自分の先祖を殺したと知ったレメクが悲しみのあまり両手を大きく打ち鳴らしたところ、その手の間にトバルがはさまれて死んでしまった。そのために二人の妻は彼を避けていた。レメクは妻と和解しようとして言った。『わが声を聞け（つまり〝おとなしくわたしに従って、戻って来てくれ〟）。私が殺した男は〝私が負わせた傷〟で死んだのか。わざと傷を負わせたと言えるのか。若者はわたしの故意の一撃で死んだのか』」。

疑問文になっています。「レメクは妻に『わたしは無意識にやってしまったのではないか。これは〝わたしの〟傷、〝わたしの〟一撃ではなかった』と言っている」のだと解釈しています。

ラーシはある資料に基づいてこのように解釈しました。ちょっと信じがたい解釈ですが、別の解釈もラーシは伝えています。

「レメクの妻たちが彼を避けたのは、自分たちの子供がカインから7番目の世代で、神の復讐の対象になるのではないかという不安からだった。レメクは彼女たちを安心させるために、自分が『男』（アベル）を殺したわけでも、『若者』（同じくアベル）を殺したわけでもない、アベルを殺したカインが7世代の時間をもらえるのなら、自分には77世代の時間がもらえるだろう、と言う」。

ラーシはこの文を24節の解説で取り上げていますが、「この解釈によれば、神は永遠に罰することができず、自分の言葉を実現できないであろう」として、この解釈を受け入れられないと言います。

23節の理解は、15節と24節の理解の仕方に左右されます。まず、一時棚上げしていた15節を見ましょう。

――15節――

「主はカインに言われた。『いや、それゆえカインを殺す者は、だれであれ七倍の復讐を受けるであろう。』」

七倍の復讐、それは教会の訳であり、ギリシャ語の聖書もそのように訳しています。

ベダ

「七倍、つまり、カインへの厳しい罰による警告は血を流す行為を止めるのには十分ではなかったため、罰は七倍厳しくなるだろう」。

意味は明らかです。復讐は神のものであり、人は誰もその権利があるとは思ってはならない、それは七倍重い罪になるだろう、ということです。

近代人ツィンメルリ

「少し前、神は罪なきアベルの血に対する復讐者として現れた。血の復讐をするならばカインの命を取らねばならなかったであろう。実際、神はカインの上に呪いの鋭い矢を放ったが、並外れた慈悲で、呪いはしてもカインの命は守った。今また、呪われたカインの血の復讐者として現れる」。

ツィンメルリは読む人の素朴な疑問を表しています。「神はいったい何を考えているのか。復讐する気はあるのか」。このような思いが生じると、聖書を読む人の心が神の思いを探求し始めます。

――ユダヤの伝統――

ラーシ

「七倍」の代わりに「七世代」と理解するユダヤの伝統も無視できないと思います。

「主はカインに言われた。『カインを殺す者はだれであれ……彼（カイン）は七番目の世代において復讐を受けるであろう』」。

イタリアのユダヤ教共同体の聖書

「ハシェムが彼に言われた。『七番目の世代の前にカインを殺す者はだれであれ……（罰せられるであろう）』」。

ラーシ

『カインを殺す者は誰であれ……』という節は、はっきりとは言わず示唆しているだけである。この言葉は脅してはいるが、罰を明確には示していない」。

七番目の世代とは洪水の世代です。ようするに、洪水こそは神がカインとその子孫に対して決めた復讐でしょう。

神はカインに時間を与えることで彼を守りました。洪水までの時間は、神の忍耐、寛大さを表す時間です。カインは呪われた者であり、逃亡者ですが、子孫が与えられました。

ペトロ

「愛する人たち、このことだけは忘れないでほしい。主のもとでは、一日は千年のようで、千年は一日のようです。ある人たちは、遅いと考えているようですが、主は約束の実現を遅らせておられるのではありません。そうではなく、一人も滅びないで皆が悔い改めるようにと、あなたがたのために忍耐しておられるのです」（ペトロの手紙二　3・8―9）。

15節はこのようなことを表していると思います。カインを殺す者はより厳しく罰せられます。復讐は神のものですから。しかし、神の罰はしばらく時をおきます。神の忍耐は七世代に及びます。七は恵みや完成を予感させる数字です。

24節　カインのための復讐が七倍なら、レメクのためには七十七倍。

（カインが七番目の世代に復讐を受けるなら、レメクは七十七番目に。）」

プロコピオス

「レメクの罪を取り除くには洪水では十分でない。世の罪を除くお方が必要だ」。

プロコピオスの『鎖』のこの言葉の中から、私たちは「七倍（七世代）」が洪水であり、「七十七倍（七十七世代）」がハリストスご自身だと直観します。なぜレメクのためには洪水では足りないのでしょうか。

この問いにベダは答えます。

「神秘的な意味でレメクは人類を意味する。なぜならハリストスが到来する七十七番目の世代まで、最初の罪の重さは人類の上にのしかかっていたからである。しかしハリストスはご自分の到来によって世の罪を取り除いた（イオアン1・29）。アダムのせいで命を失っていた私たちをご自分の命の中に導き入れ、洗礼によって、つまり死と復活によって天国の扉を開けた。その時、レメクの言う復讐が終わった。主の死と復活によって、罪の棘である死は滅ぼされ、人類は天の国へ戻ることができた」。

ベダが自分の住む地域のユダヤの共同体や指導者と良好な関係を持っていたことはほぼ間違いないでしょう。中世では教会の多くの司祭や修道士たちが、聖書について自分の町のラビから意見を聞いていたことは確かです。ベダはアベル、ナアマという名前の意味や、おそらくこの24節が七十七倍ではなく、七十七世代と読まれていたことも知っていたでしょう。

さらに、ルカの系図（ルカ3・23―38）にあるように、イイススは七十七番目の世代に生まれたことをベダがよく認識していたことは、彼の解説から明らかです。

私たちはマトフェイ18・21―22のゆるしについての言葉を思い出します。「主よ、兄弟がわたしに対して罪を犯したなら、何回赦すべきでしょうか。七回までででしょうか。」とペトロが聞いたところ、イイススは「あなたに言っておく。七回どころか七の七十までも赦しなさい」と答えました。ペトロは「七回」と言った時、おそらく『創世記』のこの節を思っていたわけではなく、かなり大きな数字を提示したつもりだったのでしょう。しかし主は「七の七十まで」と答えた時、この24節を思っていたに違いありません。

七が神の忍耐を表す暗号であるなら、神の忍耐とは私たちの頑なな心と回心への拒否に対する忍耐を示すのは明らかです。七十七という数字はハリストスの恩寵が満ちる世界を表す暗号でしょう。罪がはびこっているように思われていた場所に恩寵があふれます。この恩寵の世界に入るということは、ゆるされ、さらにはゆるすという意味なのでしょう。

25節　再び、アダムは妻を知った。彼女は男の子を産み、セトと名付けた。カインがアベルを殺したので、神が彼に代わる子を授け（シャト）られたからである。

フランス語やイタリア語の聖書には「彼に代わる（彼の代わりに）」が「アベルの場に」とあります。私はこの言葉（「al posto di Abele」「a la place d’ Abel」）を繰り返して口に出してみました。すると「アベルの場に」が単に「アベルの代わりに」を意味するだけではなく、この4章全体のテーマであるかのように重く聞こえてきました。

アベルの場が空きました。いったい誰がこの場に来ることができるでしょうか。アベルの場は不思議な、神秘的な場です。見えない場ですが、誰かが、ベタニアのマリアやザアカイのようにこの場を見出すなら、すぐにののしられ、ハリストスのように責められます。

以前、アベルの姿を求めて福音を訪ねた時、あることがわかりました。一人の男、一人の女が、ご自分の存在を現す神（イイスス）の前にいるだけで最高の喜びに満たされることを発見すると、そこに自分の本来の場、つまりアベルの場を見つけ、それが誰にも奪われることのない場であると確認し、さらに喜びを感じるのです。

アベルの場とは、神の前に自分を置いて喜ぶ場です。人は普通、社会の中に身を置き、そこに自分の場を見つける人もいますが、見つけることができずに苦しむ人もいるでしょう。しかし神の前に自分を置くなら、自分の場を見つけられない人はいないでしょう。

セトから、アダムを祖とする人類の新しい枝が出ました。ルカの系図を見ると、カインの名はなく、セトからすぐにアダムにさかのぼっています。カインの世代は消されました。アベルの名もありませんが、名が記されていなくてもいます。セトはアベルの代わりにいるからです。

アウグスティヌス

「後にセトはアベルの聖性を全面的に実現するだろう」。

ベダ

「神秘的に理解すれば、カインに殺されたアベルが主の受難の予表であるのと同じく、セトはアベルの代わりに生まれ、死から復活した主を予示する」。

ルペルト

「アベルの死後、新しい世代が始まる。そこから私たちの信仰の父たちが生まれ、彼らから『肉によって』（ローマの信徒への手紙9・5）ハリストスが生まれた」。

――人生の中にある「アベルの場」――

この4章全体に「アベルの場」という題をつけることができると思います。なぜなら、この章を瞑想すると、心がアベルを探し始めるからです。「アベルは、どこにいるのか」と神は問います。

福音のページにアベルの場を探すのはもちろんよいことですが、物足りないかもしれません。自分の人生の中にそれを見出す必要もあるでしょう。人生の中にあるアベルの場とは、ハリストスが私たちのすぐ近くにいることを気付かせてくれる場です。そして、自分のにがいみじめさが消え、過ちの棘である死の支配が弱まる場です。ハリストスは医者のように病んでいる人の前に姿を現します。

アベルの場を望み、探し求めたいと思います。なぜなら、私たちはアベルの場を失っただけでなく、その存在さえ知らないからです。たとえその存在を知っていても、望まないかもしれません。望んだにしても、探さないかもしれません。そして探し、見つけたにしても、そこから逃げ出すかもしれません。

聖神（聖霊）の息吹だけが辛い思いの中にある毒を取り除き、アベルの場を抱くほどの勢いを私たちにくれます。

――「生けるものの母」なる教会との交わり――

４章の終わりになって、ようやくアベルの代わりにセトが生まれます。彼が生まれる前は、世界には罪と死が増えるだけでした。あたかもハリストスが生まれなければならない世界を語っているかのようです。

アダムが再びエバを知りセトを授かったのは、130歳の時でした。もっと早ければよかったでしょう。なぜそんなに長い間、妻から遠ざかったのでしょうか。

イスラエルの先生（ラビ）たち

「アダムは偉大な聖人だった。自分の過ちによって世界に死が入り込んだのを知り、130年間物忌みをして妻を避けた」。

ラーシもこの言葉を伝えています。

創世記の主なテーマを「女の種の約束」であるとみなすルターをまねて、次のようにまとめてみます。「女の種の約束に対する信仰によって、アダムは死に汚染された世界の苦い思いを乗り越えることができ、再び『生けるものの母』である妻に近づいた。そして神から、アベルに代わるセトを得ることができた」。ルターの思いを表していると思います。

私たちもアダムに倣い、生けるものの母である教会と一つになって、死の苦さと恐怖を越えなければなりません。遠くからしか見ることのできない最後の死だけではなく、日常的な小さい死もそれを抱きながら超えるのです。すると新しい贈り物をいただくことでしょう。

――歴史の中の「アベルの場」――

自分の「アベルの場」を見出すのは個人的なことであり、何よりもイイスス・ハリストスへの回心です。しかし歴史の中にもアベルを探すべきではないでしょうか。そうすることによって、私たちが生きることを余儀なくされているこの社会とこの歴史について正しい見方をすることができるようになると思います。

その助けになるように、ボーゼ修道院の院長エンゾ・ビアンキの文章を引用します。彼はイオアンの黙示録の解説を書きました。その6・9―11についてこのように書いています。

イオアンの黙示録6・9―11

「小羊が第五の封印を開いたとき、神の言葉と自分たちが持っている証しのために殺された人々の魂を、わたしは祭壇の下に見た。彼らは大声でこう叫んだ。『真実で聖なる主よ、いつまで裁きを行わず、地に住む者にわたしたちの血の復讐をなさらないのですか』。すると、その一人一人に、白い衣が与えられ、また、自分たちと同じように殺されようとしている兄弟であり、仲間の僕である者たちの数が満ちるまで、なお、しばらく静かに待つようにと告げられた」。

エンゾ・ビアンキ

「神は、歴史の第一の結果を非常に多くの殉教者、軍事力や政治力、経済力による犠牲者、そして、人の罪による犠牲者であるとみなす。神にとって、歴史とは軍事力、政治力、経済力という3つの権力ではなく、犠牲者によって作られるものである。イイススは福音書の中でこう言っている。『こうして、天地創造の時から流されたすべての預言者の血について、今の時代の者たちが責任を問われることになる。それは、アベルの血から、祭壇と聖所の間で殺されたゼガルヤの血にまで及ぶ』（ルカ11・50―51）。

ルカはこの箇所で、アベル以降の歴史のすべての犠牲者が預言的性質を持つと明示している。つまり、『世の初めからずっと』人類のすべての被害者の血は流されているのである。彼らは人類の殉教者であって、キリスト教信者でもアベルのようにイスラエルの選民に属する者でもない。『アベルは死にましたが、信仰によってまだ語っています』（ヘブライ人への手紙11・4）。アベルが流した血は、新しい契約の仲介者イイススが流す血を予示している。イオアンは、神の前には非常に多くの犠牲者がいて、彼らは狭い意味での殉教者であるだけではなく、歴史におけるすべての犠牲者であり、彼らはある証しのために殺された人であると言う。そこには歴史の中で代償を払い、抑圧を受けたすべての人がいる。つまり、神の前において、餓死した子供は偉大なモーセと同じであり、その命は同じ価値を持つ」。

エンゾ・ビアンキは黙示録６・９「自分たちがたてた証し（『日本語聖書 新共同訳』）」の部分をヨハネが書いた原文から「自分たちが持っている証し」と直訳しました。わかりやすく訳すよりも直訳した方が深い意味が現れることがあります。この箇所を殺された人が「たてた証し」と訳すなら殉教者に意味が限定されますが、「持っている証し」と訳すなら、創造主なる神が彼らの内に刻んだご自分のイメージと似姿こそが彼らが持っている証しということになるでしょう。すると、彼らが望む復讐とは創造の本来の姿を回復することにあると理解できます。

エンゾ・ビアンキ
「彼らの叫びは個人的な復讐の望みを表すのではなく、神の救いの計画の実現と神の国の最終的な成立への確固とした望みを抱いている」。

聖書が描く歴史は無意味でグロテスクな悲しい出来事の連続ですが、神の救いの業が進んでいく中で、そのような出来事も最後にはふるいにかけられ、歴史も清められるでしょう。

26節　セトにも男の子が生まれた。彼はその子をエノシュと名付けた。
主の御名を呼び始めたのは、この時代のことである。

この４章最後の節に、教会の師父たちは、はびこる悪の中にも一筋の希望の光を見出します。

シリアのイソダード

「セトたちは何をする時でも、主によりたのみ、心を向け、『主の名によってこれをします』と言っていた」。

アウグスティヌスは、「呼び始めた」の代わりに、70人訳にならって「主の名を呼ぶことを望んだ」と読み、こう言いました。

「この文は、後に恵みによって選ばれた民が主の名を呼び求めるだろうと預言している。セトの子は『私は神の家に生い茂るオリーブの木のように神の慈しみを望んだ』（詩編52・10）と祈る人々の集会を予示する」。

ベダ

「エノシュはハリストスの民である教会を表している。信仰や主の受難と復活の神秘によって、この民は毎日、世界中で、水と聖神によって生まれる（イオアン3・5）。この民は最初の誕生よりも、後の新しい誕生の恵みを愛するので、何をする時でも主の名による助けを求める」。

ルター

「『主を呼ぶ』と言わず『主の名を呼ぶ』と言っているので、この『主』とはハリストスであると理解するべきである。別のところでもハリストスは『主の名前』と呼ばれているのだから。すると、アダムやセト、エノシュが自分の子に対して、次のように励ましていたことがわかる。救いを待ち、『女の種の約束』を信じ、その希望を抱いてカインの子孫の憎しみや苦難、迫害に打ち勝ち、また、救いの希望を持ち続け、しかるべき日に主が女の種によって彼らを解放するだろうことに感謝の念を持つようにと」。

――イスラエルの伝統――

イスラエルの伝統では「主の名を呼ぶ」ことを悪い意味としてとらえます。

タルグム・オンクエロス

「すると、そのころ人の子たちは主の名を呼ぶことを止めた」。

このようにまったく反対の解釈を伝えています。

タルグム・ネオフィティ

「すると、人の子たちは偶像を作り始め、これらを主の名で呼び始めた」。

ラーシ

『『すると、始めた』とあるが、始めるという動詞は『汚す』という言葉と関連がある。つまり、その時、人間と偶像を聖なる方（祝福あれ）の名をもって呼び始め、人も偶像も礼拝の対象として神と呼び始めた」。

ラーシの解説はタルグム・ジョナタンに基づき、また、「呼ぶ」と「汚す」という2つの動詞がヘブライ語では同じ語根を持っていることに基づきます。

イタリアのユダヤ共同体で使われる「大きな聖書」（ラビたちの解釈を伴う聖書）は、ラーシと同じ訳をしています。

二つの伝統は正反対のことを言っているようです。確かに言葉上ではその通りです。しかしパウエルが言うように、聖神（聖霊）は弱い私たちを助け、言葉にならないうめきをもって私たちのために祈っている（ローマの使徒への手紙8・26）のです。

人は口先だけで「主よ、主よ」と言う場合があります。そんな時、私は「『主よ、主よ』と言う者が皆、天の国に入るわけではない。わたしの天の父の御心を行う者だけが入るのである（マトフェイ7・21）」という主の言葉を思い出します。

私たちは聖神につき動かされなければ、誰も御父の御旨を行うことはできないと知っています。よって二つの伝統は正反対のものではないでしょう。なぜなら、「主よ」と呼ぶのも、みことばを実践するのも、聖神の働きがなければ、自分のよい行いに頼ることになり、偶像崇拝が始まるからです。「呼び始めた」という訳より、ギリシャ語訳聖書にある「呼ぶことを望んだ」の方が、希望の言葉で4章が終わるので、望ましいかもしれません。小川を渡る時、どの石の上を歩けばよいか選べるように、聖書を読むときにも解釈を選べます。同じ渡り場です。

創世記4章全体を思いめぐらす

アレクサンドリアのキリロス
「世の始まりに起きたことには、影の中に予示されたかのようなハリストスの神秘が見られる」。

ここにあえて「私たちの神秘も見られる」と付け加えたいと思います。

―― 私もカインです ――

私は人をののしったり殴ったりしたことはありませんが、やはりアダムの子カインです。私もアダムと同様に「どこにいるのか」という問いに答えられず、またはすぐに答えようとしません。

自分の動きの源である神から離れると、今、自分がいるところさえわからなくなります。自分の動きの源を失うとさまよう者になります。

創造主と一つになって生きる場所であるエデンの園にいながら、自分の動きの源と進むべき方向がわからなくなったアダムたちを、神は、彼らへの愛ゆえに、彼らが迷うままにするしかありませんでした。アダムたちはエデンの東でさまよう自分を知る必要がありました。もうエデンの園は彼らの場ではなくなりましたが、そこが自分の場であると理解しなくてはなりませんでした。

このさまよいはカインのものでもあります。彼はもっと東へと行き、さまよう者から逃げる者となり、さらに町を建てる者になりました。カインのアベル殺しはさまようことの中に含まれています。

さまようこと、逃げること、町を建てることは私のことです。私もカインです。

―― さまようカイン ――

カインは神の声を聞いても耳を傾けませんでした。神は「どうして怒るのか。どうして顔を伏せるのか」と尋ねて、カインに何かを認識させようとしました。カイン自身の問題に気付かせようとしたのです。

しかし、さまよう者の心と体の動きの源は自分の感情、情念ですから、聞く耳を持ちませんでした。情念に捕まったら従うしかなくなります。

さまよう者が必ずしも外見的に不安定な様子を見せるとは限らないようです。自分の気持ちをコントロールできる人もいます。

今から60年ほど前、周囲からはとても安定していると思われていた若者がいました。しかし彼はほとんど笑うことがなく、暗い思いを養っていたのです。誰かに「どうして暗い顔をしているのか」と尋ねられたら、彼には答えることはできなかったでしょう。彼は自分の問題を認識していませんでした。生きる道を見出せず、同じ場所で足踏みしていました。20歳の頃、思いがけなくハリストスと出会い、そのおかげで主と共に生きる人生を力強く歩み出しました。（この若者の話は『師父たちの食卓で』の184ページにあります。）

しかし「どうして暗い顔をしているのか」という問いに答えられないままでした。まだ認識できていない問題があったのです。ハリストスとの出会いによって足踏みはなくなり、さまよう者ではなくなりましたが、さまよいの種ともいうべき厄介なものが彼の内に残っていました。

さまようのは一般的なことです。主に回心し、主の弟子になっても、回心し続けなければ、またさまよう者となります。預言者エリヤに「あなたたちは、いつまでどっちつかずに迷っているのか。もし主が神であるなら、神に従え。もしバアルが神であるなら、バアルに従え」（列王記上18・21）と言われても仕方がありません。

――逃げるカイン――

取り返しができないことが起こった時、そこから生じる問いに答えられなかったり、答えたくなかった場合に、人は逃げます。

現実や真実が津波のように押し寄せてくると、根の浅い植物が簡単に流されるように、自分の動きの源が浅くてさまよっている人は逃げる者となります。ひき逃げをするドライバーを例に出すとわかりやすいでしょう。借金が妻にばれて逃げる男もいます。仕事でちょっとしたミスをしただけで上司や同僚と顔を合わせられなくなり、職場を辞める気の弱い人もいます。

先ほどの若者の話です。異性に目覚めた14歳の頃、勉強がおろそかになったため、かなり高額な個人授業を受けることになりました。シチリア人の職業軍人だった父親から「結果が出なければ責任を取れ」と言われ、彼は「わかりました」と答えましたが、期待には応えられないだろうと予想していました。そこで、３カ月間の準備の後、結果が出る前に家出をしました。責任を取るには家を出るしかないと考えたのです。夜中にそっと家を出ました。２日後に探し出され連れ戻されなかったら帰らなかったでしょう。家出の準備をする間に、ジョバンニ・ヴェルガの小説『マラヴォリア家の人々』のアントニオが故郷を離れねばならなくなった箇所を何度も読み返し、暗記してしまいました。「岩浜で海だけは変わらぬ声で彼にささやいていた。海に国境はなく、日が昇る場所から、日が沈む場所までその声を聞くすべての人のものだった」。

逃げる者は自分をいたわり、同情し、自分の事情を美化します。

この若者は父親に反発していたのではなく、悲しみ、あきらめて、家出するしかないと思い詰めていたのです。カインの言葉からも、彼がいかに自分のことをかわいそうに思っていたかがわかります。場合によってですが、逃げることと自殺には似た面があると思いますが、どうでしょうか。

みことばを思い巡らす人は自問します。「さまよう者と逃げる者のどちらがより神から離れていくのでしょうか」。実は、誰に対しても救いはすぐ近くにあります。

私たちの神は「来るお方」ですから、さまよう者に出会いの場を設けます。その時、人の心は安定し始め、さまよう者でなくなります。

詩編には、神が「私の逃れ場」であると繰り返し出てきます。人がそれに耳を傾けると、「神から神へ逃れる」(あるラビの言葉)ことができます。厳しい神から憐み深い神へと逃げることができます。どちらも同じ神です。カインはこのことを知りませんでした。彼は無知な私たちの姿を現すという役割をになっているのです。しかし私たちは知っているはずです。聖書全体がそれを語っています。「私の逃れ場、私の神よ、どうして私を見捨てられたのか、どうして……」(詩編43・2―3)。

――町を建てるカイン――

逃げていたカインが、ある場所にとどまって町を建てました。東へ逃げる自分には何の目的もないと気付き、自分に目的らしきものを与え、町を建てました。

最初、町は隠れ場でしたが、だんだん砦のようになっていき、ついには難攻不落の要塞となりました。町ができると自らに規則を与えます。逃げていた男は、さまざまな場を作り出す能力を持ったことに気付いて、驚き、喜びます。過ちや逃亡は過去のものになり、消えてしまったかのようです。実際には消えていません。町のどこかにあります。そして、気付かれない存在としてアベルも町にいます。(時が満ちれば現れます。)町にも身近なところに救いがあるのです。アベルの存在に気付き彼の場で集う人は、救いの道を見出して、社会を救う者となります。

――目的らしきもの――

町、人間社会は、神なくしてその住民に人生の最終的な目的を与えることはできません。しかし、神がなくても、目的らしきもの、役割、務め、責任、あるいは夢を与えます。多くの人は役割があれば十分だと思うでしょう。しかし、それをたいそう物足りなく思う人もいます。

そんな人には所謂普通の人とは少し違ったところがあります。彼らは何らかの原因で自分の属するグループに簡単には溶け込めなかったり、グループの中でプレッシャーを感じるとうまく対処できないことがあります。目的らしきものや役割、責任は、彼らに生きるために必要なエネルギーを与えることができません。人生の最終的な目的を知ることだけが、彼らにエネルギーや生きる喜びを与えるでしょう。

彼らは自分の魂の内から、動こうという意志が生まれなければ動こうとしませんが、ひとたび動き出すと思いもよらないエネルギーを持って生きます。

町は最終的な目的を与えることができないという自分の弱点を知っています。そのため、ある教義、イデオロギー、巧みに作り替えた宗教を使い、町自体に最終的な目的があるように装い、生活の向上や発展を訴えます。

古代ローマの宗教もこの種のものでした。「民主的」とされているアテネでは、町の法よりも自分の内部に宿る神的な声に従うべきだと主張した哲学者ソクラテスが死刑にされました。

――不思議な能力のある人々――

町は、町の権力や経済制度に影響された一般的な考え方によらず、内なる真理に従って善悪や正義を判断する人をとても嫌います。

このような人々は貧しくても孤立していても、時には命をかけて、自分の「偉大な真理」「存在する物をすべて包み込む真理」への愛を貫きます。

このむごい事実は当然の事態です。町はカインの町なので、ただ真理の前で生きる人々が我慢できないのです。どの町も、「民主主義」を掲げているものもカインの町です。そのため、町はソクラテスのように「偉大な真理」への危険な愛に執着する人の考え方に共感しません。町はこの「偉大な真理」に対抗して、もっと具体的でわかりやすい真理らしきものを唱えます。これは難しいことではありません。「偉大な真理」への愛をはぐくむ人は少なく、他人に理解されなかったりします。また、マイペース、周囲から浮いている、個人主義、キリスト教徒などとレッテルを貼られることもあります。こうして町の救いである「アベルの場」があまり見えなくなります。

しかし、何も話さずとも、ただいるだけで、どのソクラテスよりも町を無意識のうちに危機に陥れる人々がいます。それは身体に加えて知能にも障がいを持っている人たちです。彼らは完全に家族や社会に頼って生きています。常識や社会的圧力などとはまったく無関係で、ありのままに、人に世話されるがままに生きます。

また、裁かれるだけの質を持っていないので裁かれることはありませんが、一方、誰も裁かず、彼らがいるだけでみなが裁かれます。

彼らは生きるために様々な支援を受けます。受け取らないのは役割ぐらいでしょう。しかし彼らに役割がないわけではありません。直接神から受け取っています。それは社会の人々に人間の最終的な目的を明示することです。その目的は、すべての人が神からいただいている愛を他の人々に与えることです。彼らの重い障がいは、愛を受け取り、理解し、愛をもって答えることを決して妨げたりしません。これは私の意見ではなく、誰もが体験できることです。彼らは、カインが失ってしまった人間の最終的な目的をカインの町に教えることができます。町は回心の場です。血はそのまま、流されたままに残るべきです。その血も残っています。聖書は血を覆い隠してはいけないと教えます。血はそのまま、流されたままに残るべきです。私たちに話しかけ、私たちを回心させるように。このように私たちは相模原市の障害者施設『津久井やまゆり園』での事件を思い起こし、思い巡らし、記憶に留めるべきでしょう。「アベルの場」が町の真ん中にあればよかったと思われます。

ここで4章についての瞑想を終えてもよいのですが、まだ社会生活に応用できるものがあると思うので、私の思いを表現しつくすまで、もう少し続けます。

――能力主義を超えて――

先ほど身体と知能に重い障がいを持つ人のことを書きましたが、一般的な障がい者については言及しませんでした。それは、かなり前から社会には障がい者に社会参加を促す動きがあるからです。車いすでの通行が困難な段差をなくしたり、障がい者を雇う義務を会社に課したりしています。オリンピックの後にはパラリンピックが行われ、政治家たちは「オリンピック」という言葉に必ず「パラリンピック」を付け加えます。差別していると思われたくないのでしょう。

もちろん障がい者の社会参加と自立の流れはとても好ましいものです。しかし、社会を支配する価値観に必然的に従うことになります。障がい者ができないことではなくできることを見て、それを生かすのはとても大切なことでしょう。しかし、障がいを持った人が能力別にランク付けされることにもなります。もちろんそれが必要な時もありますが……

今から、能力別ランクの一番下にいる人々、歩くことも話すこともできず、人の言葉を部分的にしか理解できない重度の障がい者、なかでも生まれながらに、もしくは幼い時に障がいを負った人を中心に思い巡らせていこうと思います。彼らは一番下のランクにいるおかげで能力主義から解放されています。そのため、他の障がい者や老いて能力を失っていく人々、細々と生きる人々、精力的に働く人々にも能力主義から自分を解放するためのメッセージを伝える力を持っています。

彼らにはその一生において社会に対して果たすべき務めがあります。すべての人々が神からいただいている大切な使命が、彼らにこそはっきり表れます。その価値を見出さなければ、社会は大きな損失をこうむることになるでしょう。

こういった人々の存在は、先に述べたように、能力に基づいた価値観を危機に追いやります。そして、もっと重要なすばらしいことがあります。彼らのいる場所には幸せと祝福が訪れるのです。

――幸せの漂う場所――

２００７年から２０１０年の間、私はしばしば「あすなろ学園（肢体不自由児通園施設）」に通っていました。そこでは、20人以上のさまざまな障がいを持つ０歳から６歳までの子供と、その母親が、９時半から３時まで、いろいろな活動をしていました。最初は歌で始まり、みな身振りをまじえて声を合わせて歌います。それから、母親に抱かれながら踊ったり、母親の背中に乗ってお馬さん遊びをしたりします。お馬さん遊びの時は交互に他の母親が子供を支えます。また、ござの上で子供にリハビリを行ったりします。お昼時になると、母親たちは他の人の子供の面倒もみます。そこにはすばらしい一体感があり、幸せな空気が漂っていました。しかし、誰かが母親に「幸せですか」と尋ねたなら、間違いなく全員が「とんでもない」と答えたでしょう。みな問題を山ほど抱えていましたから。

子供たちは、その賑やかな雰囲気の中で幸せそうでした。誰もが子供の顔に幸せを読み取ることができたでしょう。幸せは所有できるものではなく、誰のものでもなく、空気に漂うものです。「あすなる学園」に漂う幸福の源は障がいのある子供たちでした。その母親たちにとって、健常者の母親がする自分の子と他人の子を比較することなど考えられません。一人一人がその障がいにおいて唯一の存在ですから。

この体験は私が言わんとすることのイメージの一つにすぎませんが、グループの中で共有された生きたイメージです。

――社会参加――

成人すると男女を問わず誰でも、家族からもらった命への愛を世の中に返すために社会に出るのと同じく、障がいを持つ人もみな、成人する頃には社会に出て、彼らしか与えることのできないものを社会に与えるのが望ましいでしょう。彼らしか与えることができないものとは、人間の最終的な目的を伝えることであり、幸せを見出す場所が生まれるきっかけになることです。

彼らが与えるこのたった1つのことは、実のところ、人と社会にとって最も必要なものです。「主はお答えになった。『マルタ、マルタ、あなたは多くのことに思い悩み、心を乱している。しかし必要なことはただ1つだけである。マリアは良い方を選んだ。それを取り上げてはならない』」（ルカ10・41―42）。

彼らは知らないうちに自分の周囲に命への愛を撒き、単純な幸せを提示します。愛の提案です。これを受け入れる人は幸せです。

新しいことを言っているわけではありません。世の始まり、古くからある真理ですが、いつも社会の片隅に隠れてしまっています。

しかしどの時代にも、この真理を汲み取って生きた人がいます。私たちも自分たちの時代にふさわしい方法でそのように生きるのが望ましいでしょう。

幸せが漂う場を実現するために彼らの愛の提示を受け入れる人は、並の人ではありません。

グループホームや施設、特別支援学校などで働く人たちが、自分の仕事を天からいただいた使命だと理解するならば、本当に幸いなことでしょう。障がい者は彼らを通じて社会に対する自分の役割を初めて果たすことができます。支援する人がこのことを認識するには、きちんとした養成を受け、評価され、ふさわしい報酬を受け取る必要があります。

――義務と権利――

彼らの仕事は、障がい者の権利を守ることです。

義務と権利について少々脱線することをお許しください。

人間の権利とは、義務を果たすために必要なさまざまな条件が整えられることに他なりません。義務が先にあります。義務とはその人自身の真の姿です。誰もが他者や自分、神とのさまざまな関わりの中にいて、その関係ごとにそれぞれの義務を持っています。義務はそういった関係を持つ人自身の真の姿への道であり、基本的なものです。しかし、義務が果たされるにはいくつかの条件が必要です。この必要な条件が権利です。

生命は神の贈り物です。ミミズの命も、花の命も人の命もみな等しく贈り物です。生きているものはみな、仮に短い命だとしても、命に向かい、死から遠ざかろうとします。そして知らず知らずの内に神の方へ向かっています。神は「生きている者の神」（マトフェイ22・32）ですから。つまり人間も全力で神の方へ向かっているのです。キリスト教信者でない人も、無神論者だと言う人も。この神への動きは「愛」と名付けられています。神は私たちを愛し、私たちに愛してもらいたいのです。そのためにご自分に似せて私たちを造り、私たちに生きる望み、愛し愛される望みを与えたのです。

ところが残念なことに、人間は奇妙な病に罹ることがあります。生よりも死を望む病気です。人間が義務と権利の複雑な網に引っ掛かってしまうと、知性や理性、感情がバラバラになってしまい、自分を見失い、生きる喜びはもちろんのこと、生きる意志まで失いかねません。これは他の生き物にはないことです。

義務という言葉は固いので、「義の務め」と言い換えてみましょう。どんな務めでしょうか。義に仕えることです。

人は他人、自分、神との関係の中にいます。『広辞苑』を引くと、義は、道理、条理、物事の理にかなったこと、人の行うべき道、とあります。

つまり義は、必然的にさまざまな関係の中にいる人の真の姿への道、真の道です。務めはそのさまざまな関係の中から生じます。

生きているものの第一の義務は生きることでしょう。この義務は私たちに命を与えた神との関係から生じています。

一つの例を挙げます。

他の人と関わりを持たない人はいないというのは疑問の余地がありません。各々の人がいろいろな関係を持っています。例えば、ある男は会社員であると同時に父、夫、息子、地域の住民であり、その関係においてそれぞれの義務を負っています。彼がその義務を果たすにはいくつかの条件が必要になります。この条件が満たされることが権利ではないでしょうか。

例えば、社長には従業員を守る義務があります。その下で、従業員たちは会社員としての義務を果たし、同時によき父、よき夫、よき市民となることができます。義務と権利の調和が不可欠であり、この調和を可能にすることがとても重要です。調和がなければ社会も個人も歪んで病気になってしまいます。

従業員の権利を守ることによって自分の義務を果たしたいと考える社長は、それを果たすために政府と行政に保護される権利を持っています。しかし、現代社会における終わりのない会社間の競争が各々の社長の力量に任されているならば、社長も従業員に厳しいノルマを課すことを余儀なくされるかもしれません。すると従業員は自分の家族や地域への義務を果たしづらくなります。そこから生じる歪みのつけは弱者、子供に回り、結果として人間の質が衰え、社会も衰えます。上に立つ人々は権利と義務の調和を守る重要な義務を負っています。

実際この社会には調和がありませんが、もしやる気があるならば、人はバランスのとれた生活を送ることによってある程度の調和を生み出すことができるかもしれません。たとえば、自分のキャリアに執着せず、社長の無理な要求を退けたなら、家族の一員としての義務を果たすことができるでしょう。しかし、多くの人はそういった必要性さえ十分に認識していません。その結果、多くの人が複雑に絡んだ義務と権利の網に捕らわれ、もがいています。二次的な義務が、主要な義務を果たすのに必要な条件をつぶすことが多々あります。人生が迷路になり、死が唯一の出口であるかのように見えてくることもあるでしょう。このように「人間」という生き物は、時に命より死に向かってしまうことがありますが、これは最も不自然なことです。

おそらく、調和のとれた社会はどの国にもないでしょう。しかし不調和を治す薬が生まれる場はどこにでもあります。それは、重い障がいを持つ人々と健常者が共同生活を営んで、さまざまな方法で生きる喜びを表現し、生命を祝う場です。

障がい者の義の務めは人間の最終的な目的を示すことです。彼らはこの務めを果たすために必要な条件が整えられる権利を持っています。社会には、福祉に従事する人々を通じて彼らの権利を守る義務があります。一方的に障がい者を助けるのではなく、彼らに協力して自分や社会の歪みを直す必要があります。

私の知る限りでは、これが福祉の基本となる唯一の哲学です。この哲学に宗教の根があるのは確かなことです。また、宗教の根がない文化もありません。宗教の根をおろそかにしたまま社会や文化の中で生活できると信じるのは、私たちの時代の最も深刻な病の一つです。

聖書の初めのいくつかの章は普遍的な広がりを持ち、人間について、世界と神との相互関係について語っています。

カインとアベルの話における普遍性は、聖書の終わりの黙示録にも現れています。黙示録には、民族と宗教を隔てる腰壁が取り払われ、すべての人々が集められ、アベルの場を選び取った一人の方に裁かれるだろうとあります。この方は誰のことも裁きませんが、いるだけで、屠られた子羊のような臨在で、すべての人々を裁くでしょう。その時、すべての民、言語、文化、社会、国は、自分の胸を叩きながらその罪を認めることになるでしょう。自分の罪を認めて悲しむことは何と喜ばしいことでしょうか。ゆるしをいただき、アベルや他の聖人の隣に自分の席を見つけるでしょう。

もう一度、障害者施設「あすなる学園」の話に戻りたいと思います。そこでは春風が爽やかに吹き、共に生きることを祝い喜んでいます。この春風は雲を力強く吹き払い、人を隔てる壁を越え、生きる不安を和らげます。基本的で、とても大切なことです。

共に生きることを祝い喜ぶことこそ、障がい者の権利です。この権利が認められることによって、彼らは人間の最終的な目的や生き方を伝えるという義の務めを果たすことができます。この務めとは人が神と共に生きることを祝い喜ぶことです。これは義務と権利がぴたりと重なる唯一のケースだと思われます。そこから社会の病を治療する薬を抽出することができます。

アレクサンドリアのキリロスは、創世記第4章にはハリストスの秘められた姿、私たち一人ひとりや人間社会の謎めいた姿が影絵のように予示されていると言いました。その第4章の瞑想をこの辺で終えたいと思います。

新約聖書

	正教会書名	新共同訳聖書
1	マトフェイによる福音書	マタイによる福音書
2	マルコによる福音書	マルコによる福音書
3	ルカによる福音書	ルカによる福音書
4	イオアンによる福音書	ヨハネによる福音書
5	使徒行実	使徒言行録
6	イアコフの公書	ヤコブの手紙
7	ペトルの前公書	ペトロの第一の手紙
8	ペトルの後公書	ペトロの第二の手紙
9	イオアンの第一公書	ヨハネの手紙一
10	イオアンの第二公書	ヨハネの手紙二
11	イオアンの第三公書	ヨハネの手紙三
12	イウダの書	ユダの手紙
13	ロマ人に達する書	ローマの信徒への手紙
14	コリンフ人に達する前書	コリントの信徒への手紙一
15	コリンフ人に達する後書	コリントの信徒への手紙二
16	ガラティヤ人に達する書	ガラテヤの信徒への手紙
17	エフェス人に達する書	エフェソの信徒への手紙
18	フィリップ人に達する書	フィリピの信徒への手紙
19	コロサイ人に達する書	コロサイの信徒への手紙
20	フェサロニカ人に達する前書	テサロニケの信徒への手紙一
21	フェサロニカ人に達する後書	テサロニケの信徒への手紙二
22	ティモフェイに達する前書	テモテへの手紙一
23	ティモフェイに達する後書	テモテへの手紙二
24	ティトに達する書	テトスへの手紙
25	フィリモンに達する書	フィレモンへの手紙
26	エウレイ人に達する書	ヘブライ人への手紙
27	神学者イオアンの黙示録	ヨハネの黙示録

日本ハリストス正教会教団全国宣教企画委員会制作『正教会の手引き』より

旧約聖書 -2

	正教会書名	新共同訳聖書	備　　考
29	ソロモンの知恵書	知恵の書	
30	シラフの子イイススの知恵書	シラ書〔集会の書〕	
31	オシヤ書	ホセア書	31 ～ 42 までは「十二小預言書」と呼ばれる
32	アモス書	アモス書	
33	ミヘイ書	ミカ書	
34	イオイリ書	ヨエル書	
35	アウディヤ書	オバデヤ書	
36	イオナ書	ヨナ書	
37	ナウム書	ナホム書	
38	アウワクム書	ハバクク書	
39	ソフォニヤ書	ゼパニヤ書	
40	アゲイ書	ハガイ書	
41	ザハリヤ書	ゼカリヤ書	
42	マラヒヤ書	マラキ書	
43	イサイヤ書	イザヤ書	
44	イエレミヤ書	エレミヤ書	
45	ワルフ書	バルク書	
46	イエレミヤの達書	エレミヤの手紙	
47	哀歌	哀歌	
48	イエゼキイリ書	エゼキエル書	
49	ダニイル書	ダニエル書	

※ロシア語聖書には「第三エズラ記」も含まれ、全部で50書となる。
※書の順番は1994年アテネ発行の“Η　ΑΓΙΑ　ΓΡΑΦΗ”に従った。
※通し番号は便宜的に添付したもの。*斜体字*は、ＬＸＸにあってＭＴにない書。

他にも、ギリシャ語訳旧約聖書にあってヘブライ語聖書にないものとしては以下の部分などがある。

	聖詠(経中ニ加エズ)	第151詩編	
	マナッシヤの祝文	マナセの祈り	
	エスフィリ記の付加部分	エステル記（ギリシャ語）	
	ダニイル書3章24～67節、他	ダニエル書補遺	

② 聖書各巻一覧および各奉神礼書一覧

旧約聖書 -1

	正教会書名	新共同訳聖書	備　　考
1	創世記	創世記	1～5は「モーセ五書」と呼ばれる
2	エギペトを出づる記	出エジプト記	
3	レヴィト記	レビ記	
4	民数記	民数記	
5	申命記	申命記	復伝律令とも記される
6	イイスス・ナビン記	ヨシュア記	
7	士師記	士師記	
8	ルフ記	ルツ記	1～8は「旧約八書」と呼ばれる
9	列王記第一書	サムエル記上	
10	列王記第二書	サムエル記下	
11	列王記第三書	列王記上	
12	列王記第四書	列王記下	
13	歴代誌略第一巻	歴代誌上	
14	歴代誌略第二巻	歴代誌下	
15	エズドラ第一書	エズラ記(ギリシャ語)	エズラ記の書名には異同があるので要注意
16	エズドラ第二書	エズラ記	
17	ネーミヤ書	ネヘミヤ書	
18	トビト書	トビト書	
19	イウジヒ書	ユディト書	
20	エスフィリ記	エステル記	
21	第一マカワェイ書	マカバイ記一	
22	第二マカワェイ書	マカバイ記二	
23	第三マカワェイ書	(新共同訳には訳出されていない)	
24	聖詠	詩編	『聖詠経』
25	イオフ記	ヨブ記	
26	箴言	箴言	
27	伝道書	コヘレトの言葉	
28	諸歌の歌	雅歌	

正教会	一般・他宗派	モイセイ	モーセ
ノイ	ノア	ラザリ	ラザロ
ハナアン	カナン	ラヒリ	ラケル
ハリスティアニン	クリスチャン	リヤ	レア
ハリストス	キリスト	リワン	レバノン
ハルキドン	カルケドン	ルフ	ルツ
ハルデヤ	カルデヤ	ルヴィム	ルベン
パヴェル	パウロ	レヴィト	レビ
ファディ	タダイ	レヴェカ	リベカ
ファラオン	パロ（ファラオ）	ロマ	ローマ
ファリセイ	パリサイ	ロマン	ローマノス
ファヴォル	タボル	ワシリイ	バシリウス
フィリスティヤ	ペリシテ	ワヴィロン	バビロン
フィリップ	ピリポ	ワラウワ	バラバ
フィリモン	ピレモン	ワルク	バルク
フェオドル	テオドロス	ワルナワ	バルナバ
フォマ	トマス	ワルフォロメイ	バルトロマイ
ヘルヴィム	ケルビム	ワルワラ	バルバラ
ペトル	ペテロ	ヴィファニヤ	ベタニヤ
ポリカルプ	ポリカルポス	ヴィフェズダ	ベテスダ
ポンティイ・ピラト	ポンテオ・ピラト	ヴィフレエム	ベツレヘム
マカリイ	マカリオス	ヴェエルゼウル	ベルゼブル
マキシム	マクシモス	ヴェニヤミン	ヴェニヤミン
マッカウェイ	マカバイ	ヴェリアル	ヴェリアル
マディアム	ミデアン		
マトフェイ	マタイ		
マナッシヤ	マナセ		
マラヒヤ	マラキ		
マラン、アファ	マラナ・タ		
マルファ	マルタ		
マンナ	マナ		
ミハイル	ミカエル		
ミヘイ	ミカ		
メルヒセデク	メルキゼデク		

※シオンやマリヤなど一般にも共通する語は掲載していません。
※ワィ、ワェ、などはウィ、ウェ、もしくはヴィ、ヴェと表記し直しました。

正教会	一般・他宗派	コリンフ	コリント
エウレイ	ヘブル（ヘブライ）	コンダク	コンタキオン
エギペト	エジプト	ゴリアフ	ゴリアテ
エスフィリ	エステル	ゴルゴファ	ゴルゴタ
エズドラ	エズラ	サタナ	サタン
エデム	エデン	サッドゥケイ	サドカイ
エノフ	エノク	サッラ	サラ
エフェス	エペソ	サムイル	サムエル
エフレム	エフライム	サワオフ	万軍
エムマヌイル	インマヌエル	サンプソン	サムソン
エリサヴェタ	エリザベツ	ザクヘイ	ザアカイ
エリセイ	エリシャ	ザハリヤ	ザカリヤ
エルモン	ヘルモン	ステファン	ステパノ
エレナ	ヘレナ	スボタ	シャバット
エワ	エバ	セラフィム	セラピム
オサンナ	ホサナ	セルギイ	セルギウス
オシヤ	ホセア	ゼヴェデイ	ゼベダイ
オリゲン	オリゲネス	ソフォニヤ	ゼパニヤ
カイアファ	カヤパ	タルス	タルソ
カペルナウム	カペナウム	ダワィド	ダビデ
ガウリイル	カブリエル	ダニイル	ダニエル
ガリレヤ	ガリラヤ	ダマスク	ダマスコ
キプル	キプロス	ティト	テトス
キリール	キュリロス	ティモフェイ	テモテ
ギエジイ	ゲハジ	ティワェリアダ	テベリヤ
クリト	クレタ	ディミトリイ	ディミトリオス
クリメント	クレメンス	トロパリ	トロパリオン
グリゴリイ	グレゴリオス	ナウム	ナホム
ケサリ	カエザル	ナザレト	ナザレ
ケサリヤ	カイザリヤ	ナファナイル	ナタナエル
ゲエンナ	地獄、ゲヘナ	ニケヤ	ニケア
ゲオルギイ	ゲオルギオス	ニコディム	ニコデモ
ゲフシマニヤ	ゲツセマネ	ネーミヤ	ネヘミヤ
ゲンニサレト	キンネレテ	ネストリイ	ネストリウス

正教会の用語早見表

① 固有名詞対照表

日本正教会で使用されている人名、地名などの固有名詞の表記は、日本への正教伝道がロシア経由であったという事情で、一般や他宗派の教会とは異なるものが多くあります。その主なものを対照した表です。

正教会	一般・他宗派	イウダ	ユダ
アアロン	アロン	イウデヤ	ユダヤ
アウディヤ	オバデヤ	イエゼキイリ	エゼキエル
アウラアム	アブラハム	イエッセイ	エッサイ
アウワクム	ハバクク	イエリホン	エリコ
アゲイ	ハガイ	イエルサリム	エルサレム
アナフェマ	アナテマ	イエレミヤ	エレミヤ
アファナシイ	アサナシウス	イオアキム	ヨアキム
アマリク	アマレク	イオアン	ヨハネ
アリイ	アリウス	イオイリ	ヨエル
アリマフェヤ	アリマタヤ	イオシフ	ヨセフ
アリルイヤ	ハレルヤ	イオナ	ヨナ
アレキサンドル	アレキサンダー	イオフ	ヨブ
アレキセイ	アレクシウス	イオルダン	ヨルダン
アンティオヒヤ	アンテオケ	イグナティ	イグナティウス
アントニイ	アントニウス	イサアク	イサク
アンドレイ	アンデレ	イサイヤ	イザヤ
アンナ	ハンナ	イスカリオト	イスカリオテ
アヴェリ	アベル	イズライリ	イスラエル
ヤコブ	ヤコブ	イリネイ	エイレナイオス
イイスス	イエス	イリヤ	エリヤ
イイスス・ナワィン	ヨシュア	イロド	ヘロデ
イウジヒ	ユディト	エルリン	ギリシャ(ヘラス)
イウスチン	ユスティノス	エウセビイ	エウセビオス

訳者紹介

佐藤弥生（さとう・やよい）

1962年、愛知生まれ。愛知県立大学文学部国文学科卒業。1996年よりジュセッペ三木氏のもとでイタリア語を学び、イタリア文学に親しむ。2010年より本書の翻訳に従事する。

監修者紹介

松島雄一（まつしま・ゆういち）

1952年香川県生まれ。印刷会社営業職を経て、1990年正教神学院入学、1993年卒業と同時に司祭叙聖され、今日に到る。名古屋ハリストス正教会、半田ハリストス正教会管轄司祭から現在は、大阪ハリストス正教会司祭。

アベルのところで命を祝う —— 創世記を味わう　第4章［師父たちの食卓で2］

2019年12月15日 初版発行

著　者 —— ジュセッペ 三木 一

訳　者 —— 佐藤弥生

監修者 —— 松島雄一

発行者 —— 安田正人

発行所 —— 株式会社ヨベル　YOBEL, Inc.

〒113 - 0033 東京都文京区本郷 4 - 1 - 1 - 5F
Tel 03 - 3818 - 4851　Fax 03 - 3818 - 4858
e-mail : info@yobel. co. jp

印刷所 —— 中央精版印刷株式会社

配給元 — 日本キリスト教書販売株式会社（日キ販）
〒162 - 0814　東京都新宿区新小川町 9-1
振替 00130 - 3 - 60976　Tel 03 - 3260 - 5670

ISBN978-4-909871-08-4 C0016　Printed in Japan

聖書引用は断りのない限り聖書 新共同訳（日本聖書協会）を使用しています。

【本のひろば二〇一五年一二月号掲載】

ようこそ、心躍る師父たちの「食卓」へ！

ジュセッペ三木一著　佐藤弥生訳　監修者ゲオルギイ松島雄一

師父たちの食卓で――創世記を味わう　第1章～第3章

評者：**大頭眞一師**

6世紀から17世紀まで「聖書の『釈義の鎖』」とでも訳すべきジャンルの書物が存在していたことを、寡聞にして本書で初めて知った。ギリシャ教会とシリア教会に多く見られたもので、頁の中央に太い字で聖書のテキストが書いてあり、まわりに師父（教父）たちの主な解釈が書いてある、という。教会は、聖なる伝統の中で聖書を読んで来た。つまり、聖書を味わうには、孤独な天才が近代批評学を駆使するようにではなく、師父たちとともに食卓につくことが正道だと考えるのである。聖書の物語は、教会の物語と切り離すことができないと言ってもよいだろう。

本書の著者ジュセッペさんの試みは、「聖書の『釈義の鎖』」を自分なりに再現することにあった。ちがいは、ジュセッペさん自身の体験や現代の文化や西洋の歴史などに対する自身の思いを含めたところにある。実はこのちがいが、本書を親しみやすいものにしている。師父と共に聖書を読むときに「喜んで家を出て、外の草原に座ってすばらしい景色を眺めているようなイメージ」（20頁）が浮かぶというジュセッペさんと同じ景色を読者である私たちにも彷彿させるのだ。

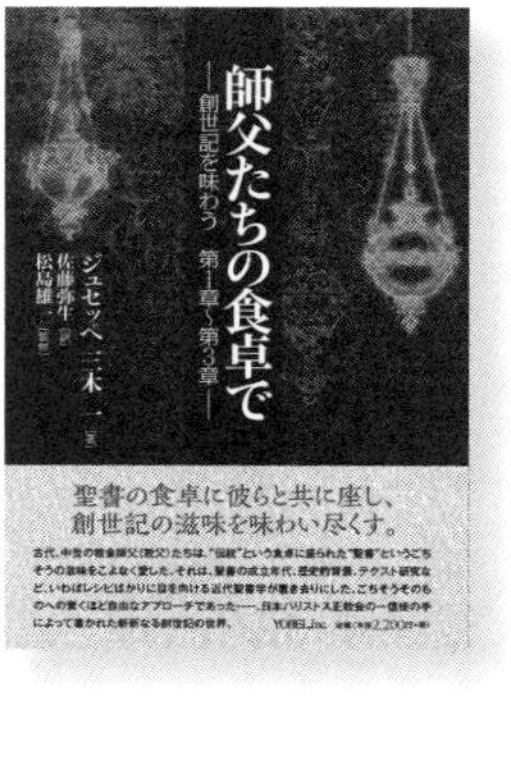

そんな景色の中で、「自分から出て」世界を創造した神の愛を「愛する対象に自分を渡す」愛だと語る偽ディオシニウス・アレオパギタを右隣の席に、「世界が創造される以前において、神が世を愛さなかった『時』はない」（26～27頁）と耳打ちするシリアのイサクを左隣の席に感じながら食事が始まる。8年がかりで整えられたこの食事を、急いで読み進めてはならない。食事の目的は食事そのものにあるのであって、単なるカロリーの摂取ではないからである。師父たちに聞きながら、ジュセッペさんも口を開く。「神の似姿は人間の本質ではなく人格にあります。つまり、選択や生き方により形成される人格という次元にあるのです。」（56頁）といったつぶやきには、東方神学が躍動している。生きることは旅することである。神のイメージに造られた私たちは、そのイメージの完成を目指し続ける。そんな旅する姿こそが神の似姿なのである。

本書は、創世記の最初の3章を思い巡らしたものである。けれども著者の思いめぐらしは、師父たちとともに常にハリストス（キリスト）へと向かう。そのように、ハリストスが教え（ルカ24：27）、その教えをさらに教会が積み重ねてきたからである。アダムとエヴァが裸であつたことは、師父たちによれば、彼らは「栄光を着ていた」のであり、「神が彼らをお創りになった際の、あの愛に彼らはくるまれていた」という。これだけでも、私たちは神の狂おしいほどの愛にめまいを感じる。けれどもジュセッペさんは、容赦してくれない。「にもかかわらず彼らの栄光はハリストスに身を寄せる哀れな罪人の栄光に及ばないのです。」と。ああ。

ジュセッペさんは、自分について多くを語ることを好まないが、彼が「どんな人かと不思議に思う人のために」（22頁）少しだけ触れておく。1943年ローマで生まれたイタリア人で、ローマ・カトリック教会の修道士として来日。その後、修道会を退会、結婚、やがて日本人となった。2005年に正教会の信徒になる。知多半島で「聖書を読む会」を主宰している。

正教に関心を抱きつつも、完全な門外漢である評者であるが、実は本書の誕生の小さなきっかけになれたことを喜んでいる。監修者の名古屋ハリストス正教会松島雄一司祭（現大阪ハリストス正教会）には、数年前から初歩的な赤面するような質問をしては、優しくご指導していただいている。あるとき司祭のお知り合いの方で出版を考えておられる方がおられると聞き、ヨベルの安田社長をご紹介した次第。原稿を読んで安田さんの心が躍った結果が本書である。

評者は、本書が正教の方々だけの独占となることを惜しむ者である。私たちは、世界で初めて聖書を読む人間のように振る舞ってはならない。けれども師父たちの世界は、香炉とイコンの奥にあって近づき難い。ジュセッペさんは、すべてのキリストを慕う者たちに、その扉を開いて、覗かせてくれるのである。正教徒の本だから、難しいのではないか、とか「正統的」カトリック信仰やプロテスタント信仰が危険にさらされるのでは、といった心配は無用である。安心して心躍る師父たちの食卓に加わっていただきたい。

（おおず・しんいち＝日本イエス・キリスト教団　明野キリスト教会牧師）

A5判・二七二頁・二二〇〇円＋税　ISBN978-4-907486273

精神科医／平安女学院大学名誉教授

工藤信夫　**トゥルニエを読む！**　キリスト教的人間理解の新たな視点を求めて

「もっと冒険せよ！」とあなたの神は叫んでいる。神は最高度に冒険精神を持ったお方。人生とはその神の冒険に人が共に参与することに他ならない。大いなる反抗、大いなる失敗、大いなる回り道こそ「冒険の道」。解放の宣言を、今再びトゥルニエに学びたい。

四六判・二三四頁・一五〇〇円　ISBN978-4-907486-87-7

精神科医／平安女学院大学名誉教授

工藤信夫　暴力《バイオレンス》と人間　トゥルニエとグリューンを読む！

〈力への暴走〉が支配している現代に、〈キリスト者〉として生きるには。一冊の注目すべき本に出合った、『従順という心の病い』（ヨベル）である。本書は再び全体主義的様相を呈する現代社会の病理を扱ったものであるが、その中に長年私を苦しめて来た〝宗教者の暴力〟を解明するてがかりを得、励ましとなった。この一冊の本によって、改めてトゥルニエを紹介する必然性を確信した。

四六判・三二八頁・一六〇〇円　ISBN978-4-907486-68-6

第33回読売教育賞受賞

福田節子　50年以上前からあった「心のノート」

——子どもたちと教師の記録　読売・毎日・千葉新報・愛媛・京都・岐阜・東奥日報・茨城新聞等各紙に好評紹介

……子どもたちはノートを書き続けることによって、物事を見つめるまっすぐな目と、自然の小さな変化に感動する心と、家族や友達・周りの人たちの暖かさを感じる心に気付きはじめ、それを思ったまま文章に表わすことによって「心」の存在をはっきりと獲えることができてきたのではないかと思う。

四六判・三七六頁・一八〇〇円　ISBN978-4-907486-93-8

宮村武夫著作 全8巻

宮村武夫著作③　真実の神、公同礼拝　コリント人への手紙第一「注解」

編集委員長：永田竹司　賛同人会長：廣瀬　薫

巻頭言：市川康則先生（日本キリスト改革派千城台教会牧師）

エッセイ：佐藤全弘先生（大阪市立大学名誉教授、キリスト教愛真高等学校第三代理事長）

＊全巻完結！　四六判上製・三四〇頁・一八〇〇円　ISBN978-4-946565-52-6

日本同盟基督教団苫小牧福音教会牧師　水草修治　**失われた歴史から**　創造からバベルまで

創世記の原初史を読めば現代がわかる。神にかたどって創造され、エデンから追放され、ノアの洪水を経て、バベルの塔の崩壊へと至り、アブラハム契約へと至る人類の始祖たちの流浪。創世記1～11章に記された物語の中に、神の計画の全体像を読み解く手がかりを

新書判・二二四頁・一一〇〇円　ISBN978-4-907486-91-4

メアリー・C・ニール　三ツ本武仁訳　**天国からの帰還** ─真実の物語─

──ある医師の死、天国、天使、そして生還をめぐる驚くべき証言

現代人は天使の声を聴けるか？　カヤックごと滝つぼに呑み込まれて溺れ死んだ後、再び地上の生へと連れ戻された著者の〝臨死体験〟。その〝死〟のあいだに経験したものとは。天上の霊的な仲間たち、天使たちとの会話、神の圧倒的な臨在について、キリスト教信仰の文脈で語られた希少な証言、待望の邦訳！　四六判・二五六頁・一六〇〇円　ISBN978-4-907486-97-6

ヨベルの既刊書（税別）

日本イエス・キリスト教団明野キリスト教会牧師　大頭眞一

聖書は物語る　一年12回で聖書を読む本

正木牧人氏・評（神戸ルーテル神学校校長）本書の読みやすさは聖書を一続きの物語として捕らえ、一貫する世界観を提示していることにある。大頭氏はかつて英国留学に際して生涯の出会いを得た『神の物語』という書物を、著者のマイケル・ロダール氏と密接に連絡を取りながら十年がかりで和訳し2011年に出版。ロダール氏は聖書の記事の歴史的信憑性に確信を持ちつつも、神という主人公と人類史という筋を持つ神学的物語として聖書を読み解く。

六版出来　A5判上製・一一二頁・一一〇〇円　ISBN978-4-946565-84-7

聖書の学び会のテキストや教科書として多くの方々に使用されています。

聖書はさらに物語る　一年12回で聖書を読む本

工藤信夫氏・評（精神科医）人々は今日でも恐らく世界中のベストセラーである聖書を知りたい、読みたいと願っているのかもしれない。にもかかわらず〝これまでのキリスト教〟は、なにか人々のニーズに応えかねているのではないだろうか。キリスト教界の大きな課題の一つに違いない。聖書を「神の物語」と捉らえていることは興味深い。

四版出来　A5判上製・一一二頁・一一〇〇円　ISBN978-4-907486-19-8

マイケル・ロダール著　大頭眞一訳　関野祐二解題

神の物語　上・下

＊在庫僅少　各一四〇〇円

ヨベル新書043・三二〇頁 ISBN978-4-907486-19-8
ヨベル新書044・三〇四頁 ISBN978-4-907486-19-8

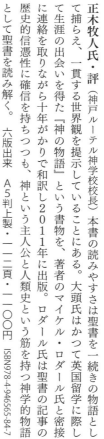

インマヌエル高津キリスト教会牧師　藤本　満　**乱気流を飛ぶ**——旧約聖書ダニエル書から

乱気流に遭遇した！　あなたならどう祈り、どう生き抜くか！　ダニエル書は、聖書の中で最も魅力的、直接的に神の声が読者の心に響いてくる書物。……ダニエルにふりかかるさまざまな危機的状況が描かれていくとき、私たち誰もが、課題多き世界に生きる自分の姿とダニエルを重ねることでしょう。

新書判・一一二頁・九〇〇円　ISBN978-4-907486-71-6

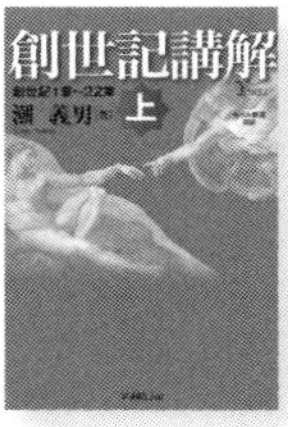

日本基督教団 仙台青葉荘教会牧師　潮　義男　**創世記講解 上**　創世記1章〜22章

人間とは何者か。この世界でどのように生き始めたのか。世界と人類の創世、楽園からの追放、大洪水、崩れ落ちた塔、新たな旅立ち、それらの背後に息づく神の息吹……。物語としての魅力も尽きない「創世記」を現代の日本で、講解説教として分かりやすい言葉で語り明かす。

新書判・三〇四頁・一二〇〇円　ISBN978-4-907486-82-2

聖書と神学のミニストリー代表　上沼昌雄　**怒って神に**——ヨナの怒りに触れて

怒れ！　あなたの**トウゴマの木**のしたで。**怒れ！**　まだ陽の暮れていないうちは。理不尽で、しつこく、放っておいてくれない。そんなとんでもない聖書の神と渡り合った預言者と、その男に取りつかれたもうひとりの男の物語。……本気でただ神に怒った。誰を相手にこの怒りをぶつけたらよいのだ。といっても、仕向けたのは神である。神が仕掛け人である。

再版出来！　新書判・二二四頁・一一〇〇円　ISBN978-4-907486-88-4

3分間のグッドニュース
［律法］
鎌野善三

3分間のグッドニュース
［歴史］
鎌野善三

3分間のグッドニュース
［詩歌］
鎌野善三

3分間のグッドニュース
［福音］
鎌野善三

ヨベルの既刊書（税別）

日本基督教団西仙台教会牧師、臨床心理士、公認心理師

早坂文彦　*Acceptance and commitment therapy*
ACT（アクセプタンス＆コミットメント・セラピー）によるパストラル・カウンセリング入門［理論編］

なぜ従来の「牧会カウンセリング」という語を使わずに、「パストラル・カウンセリング」というカタカナ語にしたのか。……「神は全世界に向かって語っておられる」という理解から、もっと多くの人々のものであるべきだとして展開しています。牧会の主体と対象、その提供者と受領者は、教会の垣根を超えます、寄り添うことに垣根はありません……。

四六判・二五六頁・二五〇〇円　ISBN978-4-909871-00-8

ティモシー・S・レイン／ポール・デーヴィッド・トリップ　田口美保子訳

人はどのようにして変わるのか *How People Change*

本書は、アメリカで、聖書を心のケアをするのに十分にして必須のものと考えて行われている、ビブリカル・カウンセリングの構想を得て書かれた本です。ビブリカル・カウンセリングの根底にある思想を知るための、重要な入門書。

＊再版出来！　Ａ５変型判・四〇八頁・一六〇〇円　ISBN978-4-907486-94-5

中央学院大学教授／愛知教育大学名誉教授　黒川知文

ユダヤ人の歴史と思想

ユダヤ人迫害にお墨付きを与えたのは、恣意的に解釈された「聖書」だった！　ヘレニズム期からナチスによるホロコーストに代表される現代まで、世界中で連綿と行われてきたユダヤ人迫害。キリスト教世界の只中からなぜかくも苛烈な反ユダヤ主義が生起しえたのか。その歴史を真直ぐに見つめつつ、この災禍を通じて形成されていったユダヤ人固有の諸思想までを詳説する。

＊再版出来！　四六判・三三六頁・一八〇〇円　ISBN978-4-907486-78-5